Winfried Nouč

Peking-Palasthund und Shih Tzu

Aufzucht – Pflege – Haltung

Kosmos
Gesellschaft der Naturfreunde
Franckh'sche Verlagshandlung
Stuttgart

Mit 29 Farbfotos von Axell (9), Geusendam/Kerr (1), Nouč (1), Ramaekers (4), Roberto (3), Scholz (3), Thompson (3), Vogeler (5) und 26 Zeichnungen im Text von Winfried Nouč

Umschlaggestaltung von Edgar Dambacher unter Verwendung eines Dias von Roberto

Fachtierärztliche Durchsicht: Dr. Schneider, München

Abb. 1. Zotthaarig sind sie alle, diese Shih Tzus, nur ihre Mimik unterscheidet sie.

CIP-Kurztitelaufnahme der Deutschen Bibliothek

Nouč, Winfried:
Peking-Palasthund und Shih Tzu : Aufzucht –
Pflege – Haltung / Winfried Nouč. – Stuttgart :
Franckh, 1982.
(Kosmos-Hundebibliothek in Farbe)
ISBN 3-440-05063-7

Franckh'sche Verlagshandlung, W. Keller & Co., Stuttgart//1982

Printed in Italy / Imprimé en Italie / L 9mm Hrr / ISBN 3-440-05063-7
Satz: G. Müller, Heilbronn
Reproduktion, Druck und Buchbinder: Editoria s.r.l., Trento, Italien

Peking-Palasthund und Shih Tzu

Vorwort

„Kleinhunde", so schrieb einst der unvergessene Schneider-Leyer, „sind die Hunde der Zukunft." Zweifellos haben in einer Zeit, in der ca. 75 Prozent der Menschen Städter sind, kleine Hunde viele unübersehbare Vorteile für sich: Sie lassen sich, von Natur aus weniger Raum benötigend, gut in modernen Stadtwohnungen halten, ihr Bewegungsdrang hält sich in Grenzen, der Bedarf an Futter ist verhältnismäßig gering und läßt sich selbst bei hohen Ansprüchen an die Hygiene durch industriell hergestellte Futtermittel decken. Sie sind problemlos zu transportieren, sei es im Auto, in der Bahn, mit dem Flugzeug oder anderen öffentlichen Verkehrsmitteln. Dabei haben sie ihre ursprünglichen Eigenarten nicht eingebüßt: wachsam und treu zu sein. Für viele Menschen bedeuten sie ein Stück Natur in einer kontaktarmen, sich mehr und mehr versachlichenden Umwelt.

Aus dieser Gruppe der Kleinhunde ist dieses Buch zwei Hunderassen gewidmet, die zu Beginn dieses Jahrhunderts aus dem Fernen Osten in die westliche Welt gelangten: Dem Peking-Palasthund (Pekingese), ein grotesk wirkender, aparter, löwenähnlicher Orientale mit dem Hochmut des von alters her Verwöhnten, sowie dem Shih Tzu, auch tibetanischer Löwenhund genannt, mit dem bestrickenden Charme eines Aristokraten unter den Hunden, der das Herz vieler Hundeliebhaber seit den Tagen der alten chinesischen Dynastien immer wieder aufs neue erobert hat. Intelligent, lebhaft, wachsam, mit dem Flair des Geheimnisvollen – das sind die passenden Prädikate für diese beiden Exoten. In einer für uns fremden Zivilisation entstanden, bedürfen diese Geschöpfe unter unserer Obhut aller Sorgfalt und Liebe, um überleben zu können.

Dem Anfänger ein Ratgeber in der Auswahl, in der Haltung, Pflege, Erziehung und artgerechten Ernährung dieser Hunde zu sein, dem Erfahrenen weitere Anregungen zu geben, soll die vornehmliche Aufgabe dieses Buches sein. In den Kapiteln über Krankheiten und Zucht wurden überdies einige rassebedingte Mängel angesprochen. Sie sollten zum Nachdenken veranlassen.

Winfried Nouč

Der Peking-Palasthund

Ursprung und früheste Entwicklung dieses eigenartigen kleinen Löwenhundes aus China verlieren sich im Dunkel der Geschichte. Doch bereits lange bevor im Jahre 1860 die alliierten Truppen die „Verbotene Stadt" und die kaiserlichen Paläste in Peking eroberten, war das Abendland aus überlieferten Erzählungen und Hinweisen der Literatur aufmerksam geworden auf eine besondere Art von Palasthunden, denen am kaiserlichen Hofe eine besondere Fürsorge und Verehrung zuteil wurde. Überlieferte Kunstwerke des alten China, aus Jade geschnitten, modelliert in Ton oder zeichnerisch dargestellt, weisen immer wieder auf die groteske Form eines Kleinhundes hin, der ebenso einem Löwen, wie einem Drachen oder Affen ähnelt. So sind uns aus der Zeit der Ming-Dynastie (1368–1644 n. Chr.), vor allem aber aus den sich anschließenden Zeiten der K'ang-hsi (1662–1722) und Ch'ien-lun (1736–1795) berühmte Sammlungen chinesischer Porzellane und Jadeschnitzereien erhalten, deren figürliche Darstellungen häufig die Gruppe der beiden sogenannten Fo-Hunde zeigt, versehen mit dem berühmten helljadegrünen Dekor der *famille verte* oder in den polychromen Glasuren mit den Farben Grün, Gelb und Aubergine (s. Abb. 2).

Abb. 2. Fo-Hund, Porzellan mit polychromer Glasur aus der K'ang-hsi-Zeit.

Das Wort „Fo“ ist in China die lautliche Wiedergabe für Buddha. Der kultischen Überlieferung nach wurde Buddha von „kleinen Löwen“ begleitet, die sich in der Stunde der Gefahr zur Abschreckung von Feinden in große Löwen verwandeln konnten. Aus dieser mythischen Überlieferung heraus galten Fo-Hunde lange Zeit als Beschützer des Hauses oder einer Grabstätte.

Um die Entstehungsgeschichte des Peking-Palasthundes haben sich im Laufe der Zeit viele Legenden gebildet, von denen wir eine herausgreifen wollen, weil sie besonders volkstümlich und phantasievoll ist: Ein Jünger Buddhas zog sich einst zum Gebet und zur Meditation in den Dschungel zurück. Da er die Sprache der Tiere verstand und sich mit ihnen unterhalten konnte, kamen diese oft zu ihm, wenn sie Sorgen hatten und seines Rates bedurften. So kam eines Tages in seinem großen Kummer auch der Löwe zu ihm, der in Liebe entflammt war zu einer kleinen Silberäffin. Diese Dame nun, obwohl offensichtlich geschmeichelt, hatte erklärt, daß an eine beiderseitige Vereinigung wegen des immensen Größenunterschiedes wohl nicht zu denken sei. Der heilige Mann überdachte das Problem, dann sagte er, an den Löwen gewandt:
„Wenn deine Liebe zu dieser kleinen Person wirklich so groß ist, müßtest du schon einige Opfer dafür aufbringen.“ „Oh“, sagte der Löwe, „das würde ich gerne tun!“ „Würdest du all' deine Stärke opfern und herunter steigen auf die Stufe der geringsten unter den Tieren, nur um sie zu gewinnen?“ „Sogar das würde ich tun“, erwiderte der Löwe. „Dann soll dein Wunsch erhört werden“, sagte der Eremit und verfiel in ein Gebet, das in seiner Innigkeit so viel Kraft hatte, daß es den Löwen dahinschwinden ließ, gleichsam wie Alice aus dem Wunderland unter dem Vergrößerungsglas, bis er die Größe des Silberäffchens erreicht hatte. „Bist du immer noch derselben Meinung“, fragte der Heilige, „nun, da du siehst, wie klein und verwundbar du geworden bist?“ „Ja, ich bin davon überzeugt, wenn sie mich nur liebt.“ „In der Tat“, sagte der heilige Mann, „das nenne ich wahre Liebe und deine Standhaftigkeit soll belohnt werden. Obwohl du deine große Stärke verloren hast, sollst du Kühnheit und deine königliche Würde bewahren, Hunger soll dich in Zukunft nicht mehr zwingen, zu jagen, denn die Nahrung für deine Kinder wird bereitet werden auf den Tischen der Großen dieser Welt. Dazu wird dir gegeben sein das fröhliche Gemüt der kleinen Äffchen, die weder Sorge noch Mühsal plagen und die zufrieden hier auf Erden leben.“
So wurden die Liebenden vereint und lebten fürderhin glücklich miteinander. Aus ihrer Verbindung aber ging der kaiserliche Palasthund hervor.
Doch verlassen wir diese hübsche Geschichte; denn wir Verstandesmenschen sind immer geneigt, uns Theorien zurechtzulegen, nach denen die eine oder andere Rasse entstanden sein könnte. Es ist anzunehmen, daß die „Löwenhunde“ des Fernen Ostens, jene kleinen, tiefstehenden, langhaarigen Hunde mit kräftiger Halsmähne und einer Rute, die stolz über dem Rücken getragen wird, gemeinsa-

men Ursprunges sind. Der Lhasa Apso und der Tibet Spaniel – Hunde des tibetischen Hochlandes –, der Peking Palasthund und der Shih Tzu – die Kleinhunde Chinas –, der Japan-Chin (dshin = Kostbarkeit, keine Herkunftsbezeichnung) – der möglicherweise aus der Umzüchtung chinesischer Tributzahlungen an das japanische Herrscherhaus entstanden ist –, alle stehen sie in der Mythologie dieser Länder in enger Verbindung zu Buddha und werden teilweise bereits mit diesem um 500 v. Chr. erwähnt. Auch der Mops, als dessen Herkunftsland ursprünglich Holland gehalten wurde, scheint sich nach neuerer Ansicht in diese Gruppe einzufügen und ist vermutlich in sehr früher Zeit von holländischen Kaufleuten über China nach Holland gelangt. Es wäre jedoch vermessen, hieraus die ursprüngliche Form des kurznasigen, fernöstlichen Kleinhundes ableiten zu wollen; denn erst seit der Zeit der Tang-Dynastie im 8. Jahrhundert, als es Mode wurde, kleine Gesellschaftshunde am Hofe zu halten, nahm die Figur des Pekingesen mehr und mehr Gestalt in der Literatur und Kunst jener Zeit an. Es sind außergewöhnlich schöne Zeichnungen auf Seide und Pergament von höfischen Künstlern geschaffen, die uns Kunde davon geben, daß man sich vor allem im nördlichen China durch auslesende Zucht bemüht hat, einen kleinen, wohl zunächst noch für die Jagd geeigneten, langhaarigen Hund zu züchten. Diese Zeichnungen geben einen Hund wieder, der nur in einigen Details von der heutigen Form des Palasthundes abweicht: etwas länger noch in der Schnauzenpartie, hochbeiniger, mit geraderen Läufen – im Typ mit dem Tibet Spaniel zu vergleichen.
Wesentliche Impulse bei der Formung des Peking-Palasthundes scheinen dabei von dem Herrscherhaus der Mandschu (1644–1912) ausgegangen zu sein. Von Norden kommend, waren diese tungusischen Mandschuren im 17. Jahrhundert in China eingefallen und hatten es erobert. Sie selbst besaßen bereits, so die Erzählungen der letzten Kaiserin Tzu Hsi, eine Art Zwerghund, wohl eine Urhundrasse, deren Herkunft in Tibet oder der Mongolei zu suchen ist. Sie wurden als „Harbo Go“ oder „ha-pa“ bezeichnet, wobei man unter „hapa“ ganz allgemein Zwerghunde versteht, eine Gruppe also, die wir auch Spiel- oder Gesellschaftshunde nennen. In der literarischen Übersetzung bedeutet „ha-pa“ soviel wie „under the table“ (unter dem Tisch), und bekanntlich stehen chinesische Tische sehr tief. Die Einkreuzung des „ha-pa“ hat offensichtlich zur Reduzierung der Größe der bereits vorhandenen Hunde beigetragen. Das Ergebnis waren nicht selten recht kleine Hunde, sogenannte „sleeves“ oder „Ärmelhündchen“, die natürlich von den Damen an den Höfen als Spielhündchen sehr geschätzt waren und zeitweise sogar als die echten Löwenhunde galten. Nach Voss findet man auch heute ab und zu bei diesen Miniaturen der Pekings „erbbiologisch interessante Rückschläge zu einem wachtel-spitzähnlichen Typ im Sinne der Neigung zum längeren Fang, zur Rundschädeligkeit, zum Steh- oder Flatterohr und zur Gradbeinigkeit“. Auch Japan-Chin und Mops sind offensichtlich von diesem Mandschu ha-pa, der als sehr feinknochig, kurz im Rücken und kurzhaarig geschildert wird, beeinflußt worden.

Zu Zeiten der Mandschu-Dynastie wurde im übrigen ein sehr aufwendiger Kult um diese „kaiserlichen Löwenhunde" betrieben. Als „Palasthunde" waren sie ausgestattet mit einer eigenen Dienerschaft, die mit ihrem Kopf für das Wohlergehen dieser Hunde zu haften hatten. Die Ausfuhr dieser Hunde wurde unter höchste Strafe gestellt, und ihre Zucht und Haltung waren nur dem kaiserlichen Herrscherhaus vorbehalten. Lediglich zum Zeichen besonderer Gunst wurde bevorzugten Höflingen oder hohen Würdenträgern solch eine Kostbarkeit als Geschenk zuteil. Unmöglich, daß ein „weißer Teufel", wie die Europäer bezeichnet wurden, in den Besitz eines solchen Hundes kam. Fernöstliche Höflichkeit gebot es zwar manchmal, scheinbar auf den Wunsch nach solch einem Tier einzugehen, aber diese „Geschenke" haben Europa nie erreicht. Bambus- oder Glassplitter, die diesen Hunden vor der Einschiffung ins Futter gemischt worden waren, ließen sie die Reise nicht lebend überstehen.
Wie sehr das Herrscherhaus, vor allem aber die letzte Kaiserin Tzu Hsi, an diesen Hunden hing und sich mit ihnen beschäftigte, geht aus einem Augenzeugenbericht hervor: „Die Hunde waren in Bambuskäfigen, die rund um einen Hof standen, untergebracht. Sobald sich die Kaiserin am Morgen ihren Lieblingen näherte, öffneten der Hauptwärter und seine drei Gehilfen die Käfige, riefen ‚Der alte Buddha (die Kaiserin) kommt' und erteilten dann Befehle, die von allen Hunden gehorsam und gemeinsam ausgeführt wurden. Sie schlugen Purzelbäume, legten sich still hin, gaben dann auf Befehl wieder ‚Laut' und begrüßten ihre Herrin durch Erheben einer Pfote. Der Lieblingshund „Hai Lung" schlief in einem kleinen Thronsaal und wurde von einem Diener an einer mit unzähligen Glöckchen verzierten Leine geführt, so daß überall, wo er erschien, leise Musik ertönte."
Die Kaiserin selbst hat in dichterischer Form die Rassebeschreibungen ihrer Hunde festgehalten und damit die züchterische Linie bestimmt: „Laß den Löwenhund klein sein, laß ihn den schwellenden Mantel der Würde um den Hals tragen, laß ihn die wehende Fahne des Pompes über dem Rücken entfalten.
Laß sein Antlitz schwarz sein und zottig die Brust, gerade sei ihm die Stirn und die Brauen stark, wie die eines echten kaiserlichen Boxers.
Laß seine Augen groß sein und leuchtend, laß seine Ohren gesetzt sein wie die Segel der Kriegs-Dschunke, laß die Nase gleichen der des Affengottes der Hindu.
Laß seine Vorderläufe sich biegen, so daß er sich nicht wünsche, sich weit zu entfernen und die kaiserlichen Gefilde zu verlassen.
Laß seinen Körper sein, wie den des jagenden Löwen, der auf seine Beute lauert.
Laß seine Füße reich bekleidet sein mit Haaren, damit sein Schritt unhörbar falle, und seine Prunkstandarte gleiche der Quaste des tibetanischen Yaks, die vor der

Abb. 3. Ist es verwunderlich, daß diese Hunde die Lieblinge der Kaiserin Tzu Hsi waren?

Abb. 4. In der Pose der freundlichen Begrüßung.

kaiserlichen Sänfte schwingt, um sie vor den Angriffen der fliegenden Insekten zu bewahren.
Laß ihn fröhlich sein und unterhaltend durch seine lustigen Sprünge, doch laß ihn genügend Furcht haben, damit er sich nicht selbst in Gefahr begibt.
Laß ihn verträglich sein in seinem Gebaren, damit er in Freundschaft lebt mit anderen Vierbeinern, Fischen und Vögeln, die Zuflucht finden in den kaiserlichen Gärten.
Als Farbe trage er die des Löwen, ein goldenes Gelb, so daß er im Ärmel des gelben Gewandes zu tragen ist oder die Farbe des roten Bären oder die des schwarzen Bären oder die des weißen Bären oder er sei wie ein Drache gestreift, damit zu jedem Gewande in der Kleiderkammer der Kaiserin ein Hund passe."
Und weiter heißt es dann:
„Laß seine Ahnen verehren und Gaben bringen auf den Friedhof der Hunde in der ‚Verbotenen Stadt' an jedem Neumond.
Laß ihn sich selbst mit Würde benehmen; laß ihn lernen, die fremden Teufel (Europäer) zu beißen.
Laß ihn wählerisch sein in der Aufnahme seiner Nahrung, damit man erkenne, daß er von hohem Stande ist.
Mit den Flossen des Haifisches, der Leber des Brachvogels und den Brüsten von Wachteln kann er ernähret werden. Zum Trinken gebt ihm den Tee, gebraut aus den Frühlingstrieben der Sträucher, die in der Provinz von Hankau wachsen, oder von der Milch der Antilopen, die in den kaiserlichen Gärten gehalten werden.
Für die Tage der Krankheit aber laß ihn mit dem geläuterten Fett vom Bein eines heiligen Leoparden behandeln und gebt ihm zu trinken eine Drossel-Eierschale voll des Saftes von der Frucht des Flaschenbaumes, in dem drei Prisen des pulverisierten Rhinozeroshornes aufgelöst sind. Dazu setze man ihm scheckige Blutegel an. So wird er genesen. Aber, falls er dennoch stirbt, bedenke, daß auch du sterblich bist."

Der Peking-Palasthund in der westlichen Welt

China hat sich jahrhundertelang gesträubt, westlichen Ländern in größerem Rahmen Zutritt zu seinem Land zu gestatten. Zwar hatte England im *Opiumkrieg* den europäischen Seemächten den freien Handel erzwungen, aber im Jahre 1856 kam es zu neuen Feindseligkeiten mit England und Frankreich, in deren Verlauf im Ok-

Abb. 5. Klein, kompakt, gut proportioniert – so soll der Pekingese nach dem heutigen Standard sein.

tober 1860 Peking besetzt und die kaiserlichen Sommerpaläste von den Franzosen geplündert wurden. Der kaiserliche Hofstaat war geflüchtet und nahezu ein Jahr nicht in der Hauptstadt anwesend. In dieser Zeit starb der Kaiser (Wen-tzung) und seine Witwe Tzu Hsi ernannte sich selbst zur Regentin. Zu ihrer Überraschung entdeckten die englischen Eroberer in einem der Sommerpaläste noch fünf der Peking-Palasthunde. Ihre Betreuerin, eine enge Verwandte der Kaiserin, hatte ihre Flucht zu lange hinausgezögert. Die kleinen Kostbarkeiten von Hunden aber gelangten gewissermaßen als Kriegsbeute nach England. Eine Hündin, „Looty" genannt, wurde der Queen Victoria zum Geschenk gemacht. Von einem Künstler gemalt, hängt das Bild dieses Hundes noch heute in Windsor Castle. Ein Pärchen Peking-Palasthunde, „Guh" und „Meh", gelangten in den Besitz der Herzogin von Richmond und Gordon. Sie bildeten den Grundstock des berühmten *Goodwood*-Zwingers, dessen Nachzucht die kontinentale und amerikanische Zucht begrün-

dete. Neugierig geworden durch diese ersten Importe, strebten nun viele, die im Chinahandel oder dort in militärischer Mission tätig waren, danach, in den Besitz solch fernöstlicher Kostbarkeiten zu kommen. Zwinger wie *Greystone* (Irland), *Palace* und *Pekin* folgten den *Goodwoods.* Es wird berichtet, daß die ersten, aus dem kaiserlichen Palast stammenden Hunde, sehr klein, wohl Miniaturen gewesen seien. Nachfolgende Importe zeigten jedoch, daß es auch einen großen, schwergewichtigen Typ gab. Bei diesen ersten Vertretern handelte es sich auch nicht um „üppig behaarte" Tiere mit spärlichem Langhaar am Körper und einer Befederung der Pfoten, sondern um einen „etwas mopsähnlich wirkenden Kleinhund mit krummen Vorderbeinen, flachem Faltengesicht, mehr Nase als heute ..." (Voss). Erst westliche Vorstellungen und beharrlicher Züchterfleiß haben dazu beigetragen, einen in Typ und Größe einheitlichen Pekingesen zu schaffen. Im Jahre 1898 wurde der erste westliche Standard vom damaligen Club für Japan-Chin in England aufgestellt. Im gleichen Jahre erfolgte die Anerkennung dieser Rasse durch den englischen Kennel-Club. Als Rassebezeichnung einigte man sich schließlich auf *Pekingese,* nachdem diese Hunde zunächst recht unterschiedlich als „Pekinesischer Mops", „Pekinese Spaniel" oder, hier auf dem Kontinent, als „Epagneul de Péking" bezeichnet worden waren.
In Deutschland erscheinen diese Hunde etwa ab 1900 (Hoehne). Die ersten Eintragungen von 8 Pekingesen finden sich im Jahre 1909 im Zuchtbuch des Deutschen Zwerghundeclubs. Seit dem Jahre 1920 wird diese Rasse durch den „Internationalen Klub für Japan-Chins, Peking-Palasthunde und Toy-Spaniels" betreut, der innerhalb des Verbandes für das Deutsche Hundewesen e.V. (VDH) auch das Zuchtbuch für diese Rassen führt.

Rassestandard des Pekingesen (Peking-Palasthund, Chien Pekinois)
Nr. 207 der FCI vom 12.12.1957

Erscheinung: kleiner, kompakter, gut proportionierter Hund mit starkem Knochenbau; tief zur Erde stehend; verschwenderisch behaart; mit würdevollem, furchtlosem Wesen und lebhaftem, klugem Ausdruck.
Kopf: massiv wirkend; Schädel breit und flach zwischen den Ohren und nicht gewölbt; Gesichtspartie erscheint plattgedrückt; Stop tief; Fang breit, mit guter Falte über der Nasenkuppe und kräftigem, breitem Unterkiefer, flach, plattgedrückt, quadratisch und tief. Lefzen gut aufeinanderpassend und schließend, weder Zunge noch Zähne sehen lassend.
Nase: Kuppe mit Augen auf einer Linie liegend, Nasenlöcher weit geöffnet, tiefschwarz, mit möglichst kurzem Nasenrücken.

Abb. 6. Peking-Palasthund, Standardbezeichnungen.
1 Schädel, 2 Stirnabsatz (Stop), 3 Augen, 4 Fang (Maul), 5 Unterkiefer, 6 Ohren, 7 Brust, 8 Vordergliedmaßen, 9 Pfoten, 10 Rumpf, 11 Hintergliedmaßen, 12 Rute.

Ohren: herzförmig, auf gleicher Höhe wie die Schädeldecke angesetzt, nach vorn flach herabhängend getragen, dicht mit langen Fransen behaart.
Augen: weit auseinanderliegend, groß, klar, rund, dunkel, glänzend, vorstehend, aber nicht heraustretend.
Hals: kräftig und kurz, mit starken Wirbeln.
Rumpf: löwenartig, d. h. breite Brust mit gut gewölbten Rippen und Verjüngung zur Kruppe; Rücken gerade, stramm und nicht zu lang, doch keinesfalls so kurz, daß der Hund quadratisch wirkt.
Gliedmaßen: Vorderhand-Schultern und Ellbogen gut anliegend; Läufe starkknochig, kurz, zwischen Ellbogengelenk und Fußwurzel gebogen; Pfoten flach, nicht rundlich, mit gutem Stand auf den Ballen, leicht auswärts gedreht.
Hinterhand-Knochen wohl kräftig, aber leichter als an der Vorderhand; Läufe eng, aber gerade gestellt. Gang leicht, rollend, forsch.
Rute: hoch angesetzt, mit langer Behaarung, in leichtem Bogen dicht auf dem Rücken getragen.
Behaarung: lang, üppig; Mähne lang; Deckhaar glänzend und nicht zu weich; Unterwolle weich, dicht; Einzelhaar nicht lockig; reiche Behaarung besonders an Ohren, Schenkeln und Läufen, an der Rute und auf den Pfoten.
Farbe: alle Farben und Zeichnungen sind zulässig. Platten bei Schecken möglichst gleichmäßig und klar gezeichnet.

Größe und Gewicht: Größe – keine Angaben in den Standardvorschriften; Leichtgewicht: Rüde und Hündin 4 kg, Schwergewicht: Rüde und Hündin über 4 kg.
Fehler: als fehlerhaft angesehen werden helle Flecken auf der Nase, Wechselnasen, gerade, hohe Beine, Flatterohren, beschädigte oder helle Augen, schlechte Rutenhaltung, mangelhafter Schluß in der Front, abstehende Ellenbogen.
Disqualifizierend: Pigmentlosigkeit (Albino), leberfarbige, helle, fleischfarbene oder braune Nase, blaue Augen, Zungenlähmung, Hodenfehler.

Erläuterungen zum Standard

Ein erfahrener Züchter vermag in einem solchen kurz und nüchtern gehaltenen Standard zu lesen wie in einem offenen Buch. Die Begriffe sind ihm einsichtig. Für den kynologischen Laien hingegen, der sich für einen Pekingesen interessiert, bedarf es hierzu einiger Erläuterungen, obgleich viele Freunde bereits ihr Herz an ihn verloren haben, ehe sie diesen kleinen, lebhaften, grotesk wirkenden Hund mit seiner verschwenderischen Haarfülle und einem Wesen, das bei heller Intelligenz, Mut, Stolz und Anhänglichkeit in sich vereinigt, verstandesmäßig erfassen.
Der Peking-Palasthund gehört zu jenen Hunden, deren Kopf im Verhältnis zu den übrigen Körperpositionen groß ist. Aber nicht nur der Kopf, sondern vielmehr das gesamte Gesicht mit Stirn und Schnauzenpartie soll groß und breit erscheinen. Ein gut ausgewogener Kopf läßt sich in etwa in ein Rechteck einfügen mit den Proportionen 5 (Breite) : 4 (Höhe) (s. Abb. 7). Dieser massive Kopf hat eine breite Schädeldecke, die zwischen den weit auseinanderliegenden Ohren absolut flach ist. Ein von früher her nicht unüblicher aufgewölbter, kuppel- oder apfelförmiger Schädel ist in der heutigen Zucht verpönt (s. Abb. 8). Unterstrichen wird der Gesamteindruck der Breite insbesonders durch die in Höhe des Schädeldaches angesetzten Ohren. Sie geben, ausgestattet mit einer reichen Befederung, dem Gesicht einen besonderen Rahmen. Vor allem wird durch sie der allgemeine Ausdruck des Quadratischen unterstrichen. Trotz flachen Schädeldaches wird dieser Eindruck manchmal verwischt, wenn die Ohren zu tief oder zu weit hinten am Oberkopf angesetzt sind. Wie bei Hunden der Spanielfamilie üblich, werden die Ohren leicht nach vorne, flach herabhängend getragen, sind herzförmig geformt, im Ohrleder jedoch kürzer und nicht so schwer, daß sie die Kopfhaut herabziehen. Flatterohren sind fehlerhaft. Die Nase des Pekingesen sollte stets schwarz sein. Fehlerhafte Abweichungen variieren von den rosa-fleischfarbenen, pigmentlosen Nasen der Albinos über die bräunlichen der schokoladenfarbenen Hunde, bis hin zu einem schmutzig grau-bläulichen Nasenschwamm. Unschön ist auch ein nicht ganz ausgefärbter Nasenspiegel, der sich manchmal bei Hündinnen während ihrer Läufigkeit einstellt, dann aber wieder verschwindet. Welpen werden allgemein mit fleischfarbener Nase geboren. Der Nasenschwamm füllt sich dann nach und nach mit schwarzem Pigment. Ist dies bis zu einem Alter von drei Monaten nicht gegeben, wird man schwerlich die gewünschte Farbe erwarten können.

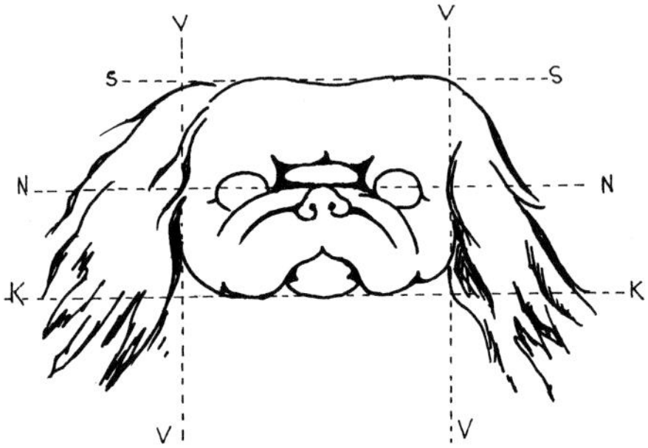

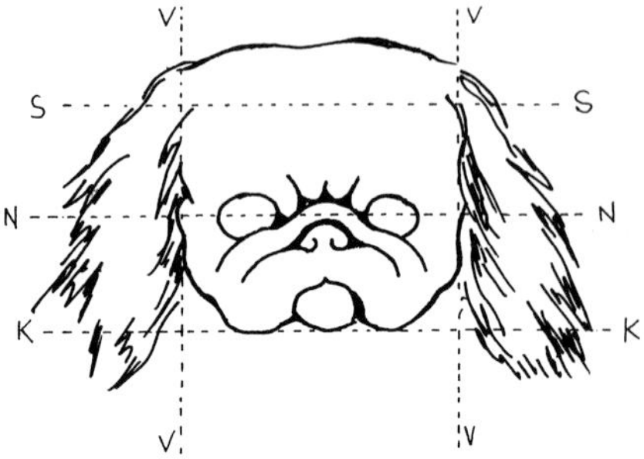

Abb. 7 (links). Vorderansicht des Kopfes.
Ein gut proportionierter Kopf läßt sich in ein Rechteck einfügen mit den Seitenlängen im Verhältnis 5 (horizontal) : 4 (vertikal). Dieses Rechteck wird in zwei gleich große Hälften unterteilt durch die Linie NN, die durch die Mitte des Stirnabsatzes verläuft. Die horizontale Linie SS sollte die Schädeldecke berühren, die Linie KK das Kinn. Die vertikalen Linien VV verlaufen durch den Ansatz der Ohren und berühren die Backenknochen. Die Nasenkuppe liegt dabei etwas oberhalb des Mittelpunktes der Augen. Der Kopf hat seine weiteste Ausdehnung etwas unterhalb der unteren Augenlinie. Das Quadratische des Gesichts wird dadurch betont, daß der Gesichtsschädel nur um ein weniges schmaler ist als der Hirnschädel. Der scheinbare Ansatz der Ohren – bedingt durch die starke Befederung – sollte möglichst nahe dem Schnittpunkt der V- und S-Linie liegen. Der eigentliche Ansatz liegt natürlich etwas tiefer.
Die so aufgezeigten Proportionen des Kopfes werden vor allem dann nicht gestört, wenn sich die starke Gesichtsfalte nicht auch über den Nasenrücken fortsetzt, sondern unterbrochen wird. Bei höchstmöglichem Ansatz der Nasenkuppe wird dabei der Stop ausgefüllt von loser Haut, die von der Stirn herunterhängt.

Abb. 8 (rechts). Die Abbildung zeigt den Eindruck eines nicht mehr klassisch ausgewogenen Kopfes. Die Nasenkuppe liegt nicht mehr in der üblichen Höhe. Sie wird „heruntergedrückt" durch die über den Nasenrücken verlaufende, nicht unterbrochene Gesichtsfalte. Die Linie NN, nunmehr durch den unsichtbaren Stop verlaufend, teilt das Gesicht nicht mehr in zwei gleiche Hälften.
Im anderen Falle, in dem sich das Vorgesicht in Richtung des Kinns gestreckt hat, um sich dieser ungebrochenen Gesichtsfalte anzupassen, kann zwar das $^1/_2$: $^1/_2$ Verhältnis gewahrt bleiben, aber die gewünschten Proportionen von 5 (Breite) : 4 (Höhe) gehen dabei verloren.

Abb. 9 Typisches Profil.
Das Gesicht des Pekingesen ist vom Profil her gesehen absolut flach; das heißt, Kinn, Nase und Brauen liegen in einer Ebene, angezeigt durch die Linie KNS. Diese Linie bildet im Idealfall zusammen mit der aus der Vorderansicht übernommenen vertikalen Linie (VV) einen Winkel von 25 bis 30°. Dieser Winkel SKV wird Gesichtswinkel genannt. Abweichungen, bei denen Kinn, Nase oder Brauen die Linie KNS nicht berühren oder bei denen der Gesichtswinkel zu groß oder zu klein wird, sind nicht erwünscht.

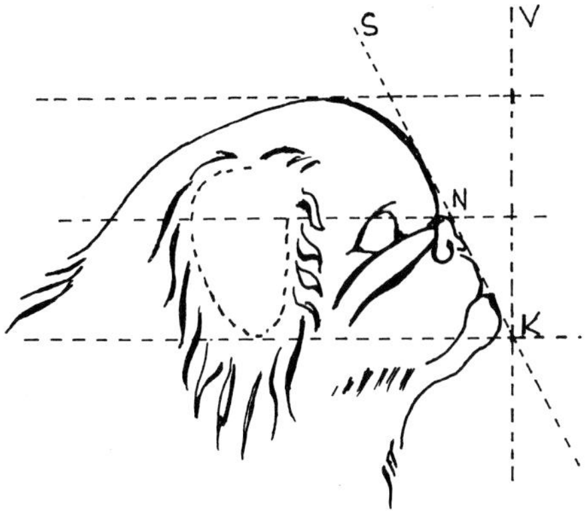

Abb. 10. Dieses Gesicht liegt nicht in einer Ebene; denn die Linie SN, verlängert in Richtung X, trifft nicht das Kinn, während die von K nach N gezogene und sich nach Y fortsetzende Linie nicht die Brauen berührt. Der Kopf zeigt zuviel Nase, die überdies abfällt und einen seichten Stirnabsatz zur Folge hat. Außerdem „springt" der Fang aus dem Gesicht und verstärkt den untypischen Eindruck.

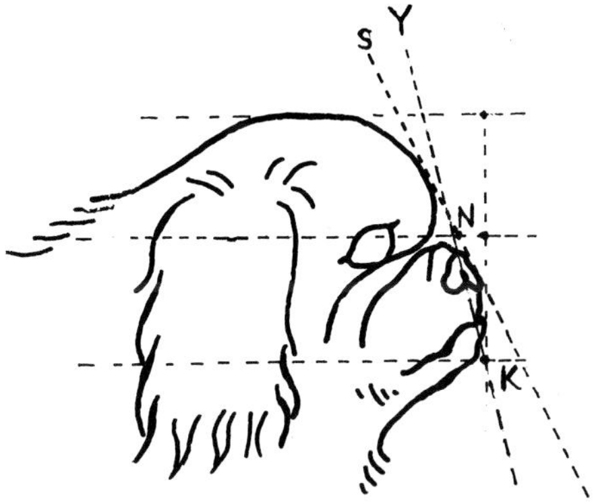

Abb. 11. Hier ist die Flachheit des Gesichtes überbetont. Die Nasenkuppe wirkt mit der sie überziehenden und hervortretenden Falte wie „hineingestoßen". Die Linie SK wird nicht von der Nasenkuppe berührt. Im Profil wirkt solch ein Gesicht hohl oder „schüsselartig" und sehr untypisch für einen Pekingesen, dessen Ausdruck eher affenartig sein sollte.

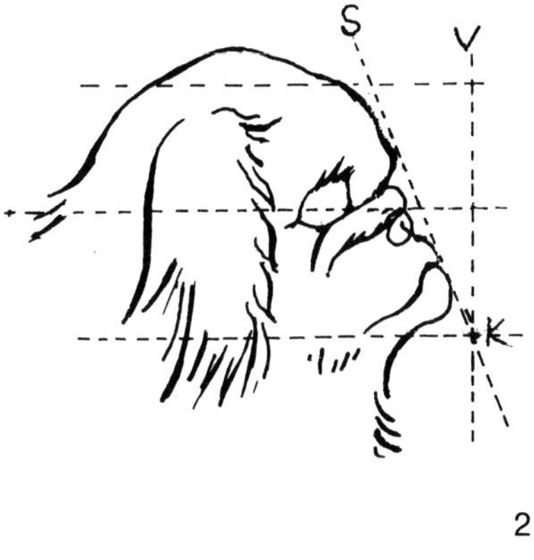

Im übrigen gilt die Nase als besonders typisches Rassemerkmal. Sie soll möglichst kurz, breit und dick sein, mit auffallend großen Nasenlöchern, negroid. Für Hunde mit zu engen Nasenlöchern wird das Atmen zur Qual. Will man die Entwicklung des Hundeschädels von der ursprünglichen, mehr oder weniger keilförmigen Form mit einem relativ langen Gesichtsteil und nur schwach ausgeprägtem Stirnabsatz (Stop), bis zu dem extrem kurzköpfigen Kopf des Pekingesen nachvollziehen, so scheinen im Laufe der Zeit zwei Veränderungen parallel verlaufen zu sein: eine relative Verkürzung des Nasenbeines und damit des Gesichtsschädels, bei gleichzeitiger Auffaltung des Vorgesichtes in Richtung der Stirn. Die Nasenkuppe liegt dabei etwa in Höhe des oberen Augenlides. Beides zusammen ergibt den ausgeprägten, tiefen Stirnabsatz (s. Abb. 9). Unerwünschte Abweichungen ergeben sich, wenn die Verkürzung des Gesichtsschädels nicht mit einer gleichzeitigen Auffaltung einhergeht. Das führt zu einer mehr oder weniger abwärts gerichteten Nase und einem offenen Stop (s. Abb. 10). Häßlich wirkt ebenso ein Hund, bei dem sich beide Vorgänge, Verkürzung und Auffaltung, extrem vollzogen haben. Dies führt zu einem „nasenlosen Gesicht“, bei dem sich der Nasenrücken gewissermaßen hinter dem Stirnabsatz verbirgt (s. Abb. 11). Ein weiteres Ergebnis der Auffaltung des Gesichtes ist die Fülle von loser Haut, die, bei langnasigen Hunden die Schnauzenpartie überziehend, hier gleichsam auf einen schmalen Raum zusammengeschoben wird und eine Art Rolle bildet. Diese starke Hautfalte verläuft quer zur Nase, rahmt gewissermaßen die obere Schnauzenpartie zu beiden Seiten ein und füllt den Raum an den unteren Augenpartien aus. Sie gibt dem ganzen Vorgesicht zusätzliche Breite und Substanz. Unerwünscht ist es, wenn diese Hautfalte durchgehend, das heißt über den ganzen Nasenrücken, verläuft, dabei halb die Augen verdeckt, die dadurch so vieles von ihrem kecken Ausdruck einbüßen (s. Abb. 8).
Vom Profil her gesehen, sollte der Kopf des Pekingesen flach sein. Bildlich verdeutlicht ist das an der in Abb. 9 gezogenen Gesichtslinie SNK, bei der lediglich im Bereich des Stirnabsatzes eine kleine Lücke entsteht. Diese ist im Idealfall geschlossen durch lose Haut, die von der Stirnfalte gebildet wird. Einbezogen in diese Linie ist das gut betonte Kinn. Als fehlerhaft muß ein zu stark aufgebogenes Kinn angesehen werden, das die Schnauzenpartie wie ein Karpfenmaul überragt oder, im Gegensatz hierzu, übertrieben stark entwickelte Oberlippen, die das Kinn verdecken. Kinn- und Schnauzenpartie wirken überdies breit, massig, quadratisch. Dieser Eindruck wird verstärkt durch die Hautfalten, insbesondere wenn die Nasenfalte mehr oder weniger horizontal angelegt ist, so daß Gesichts- und Hirnschädel fast eben breit erscheinen.
Das Gebiß dieses extrem kurzköpfigen Hundes ist ein Vorbiß, das heißt, die Zähne des Unterkiefers stehen vor denen des Oberkiefers. Trotz aller Stärke des Vorbisses, bei dem ein Zahnschluß selten gegeben ist, muß der Fang geschlossen sein (s. Abb. 12). Die Augen des Pekingesen sind groß und rund, auch etwas hervortretend,

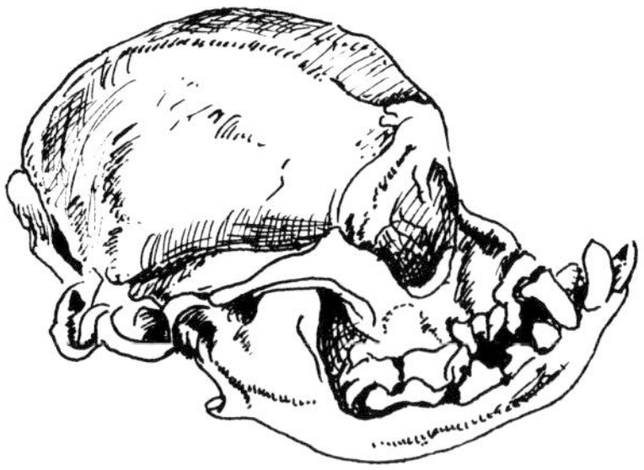

Abb. 12. Schädel und Gebiß des Pekingesen. Der Hirnschädel ist abgerundet, der Gesichtsschädel stark verkürzt. Der Unterkiefer greift über den zu kurz gewordenen Oberkiefer (Vorbiß). Sehr ausgeprägter Stirnabsatz und vorwiegend frontal orientierte Augengruben.

doch keineswegs glotzäugig und das Weiße zeigend, wie etwa die des Japan-Chin. Sie müssen dunkel leuchten. Für den typischen Gesamteindruck ist es unerläßlich, daß sie weit auseinanderliegen, nach vorn gerichtet und nicht seitlich orientiert sind.

Das „Löwenhafte" dieser Rasse, so wie wir es von den frühen chinesischen Porzellanen und Skulpturen her kennen, wird unterstrichen durch die Körperform: eine breite, tiefe und mächtige Brust mit gutgebogenen Rippen, sich zu den Hüften hin verjüngend. Der Rücken muß fest sein, nicht zu lang, aber auch keineswegs so kurz, daß sie den Hund quadratisch erscheinen lassen (s. Abb. 13). Die Beine der Vorhand sind kurz, starkknochig und am Ellenbogen gut ausgebogen, dabei fest anliegend am Brustkorb, der zwischen ihnen wie aufgehängt wirkt. Die Krümmung

Abb. 13. Profil des „löwenhaft" wirkenden Körpers. Die gestrichelten Linien geben die üppige Behaarung wieder, besonders ausgebildet als Mähne und Brustlätzchen, den „Hosen" an der Rückseite der Hinterschenkel sowie der starken Befederung der Rute und der Pfoten.
Bei einem gut aufgebauten Körper betragen die Relationen von Länge LL zu Höhe (HH) etwas weniger als 5 : 3 bei Rüden, bei Hündinnen etwas mehr als 5 : 3. Wesentliche Abweichungen hiervon beeinträchtigen nicht nur das „Löwenhafte", sondern auch das „Rollende" des Gangwerkes.

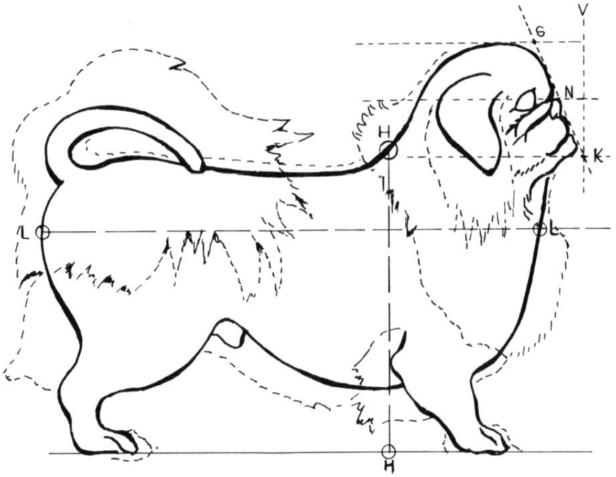

Abb. 14 a. Die korrekte Front und Vordergliedmaßen.
Die Abbildung zeigt die tiefe Brust zwischen den Vorderläufen sowie den runden und weiten Rippenkorb, der zwischen den Vorderläufen wie „aufgehängt" wirkt. Die kurzen, gebogenen Vorderläufe sind dem Rippenkorb seitlich gut angelagert (Ellenschluß, s. oberer Pfeil). Der Oberarm darf dabei nicht außerhalb der Körperlinie liegen. Der untere Pfeil markiert den gebogenen Unterarm, dessen Biegung sich bis zum Vorderfußwurzelgelenk fortsetzt. Ab Vordermittelfuß erfahren die Pfoten eine leichte Biegung nach außen.

Abb. 14 b zeigt ein nicht selten auftretendes Ausdrehen der Ellenbogengelenke, manchmal als Folge einer Rachitis. Die Unterarme haben dabei nicht die typische Biegung, sondern sind eher als krumm zu bezeichnen. Die Pfoten sind hierbei auch nach innen anstatt nach außen gerichtet.

Abb. 14 c. Hier fehlen die notwendigen Biegungen der Vorderläufe.

Abb. 14 d. Bei zu schmaler und nicht genügend tiefer Brust erscheint ein Pekingese mit diesen Fehlern als zu hochbeinig. Die Knochen der Vorhand sind außerdem zu dünn und leicht. Insbesondere der rechte Vorderlauf ist als zu weich in den Vorderfußwurzelgelenken zu bezeichnen.

der Unterarme setzt sich fort in Richtung der Brust-Mittellinie. So stehen die Handgelenke näher zusammen als die Ellenbogen. Im Handwurzelgelenk allerdings streben die Vorderläufe wieder auseinander (Abb. 14). Im Gegensatz hierzu die Hinterläufe. Sie wirken sehr viel leichter, stehen parallel zueinander und sind trotz eines gut ausgebildeten Kniegelenks gerade (Abb. 15). Bei tiefer Brust und aufgezogenen Lenden müssen die Hinterläufe um einiges länger sein als die Vorderläu-

Abb. 15. Korrekte Hinterhand mit parallel gestellten Hinterläufen. Die Rute ist hoch angesetzt und wird über dem Rücken getragen.

fe, wenn der Rücken gerade sein soll. Die Pfoten müssen flach sein, mit langen, gut aufliegenden Zehen. Runde, sogenannte Katzenpfoten, sind nicht ganz korrekt. Zur Attraktivität des Pekingesen gehört sein Haarkleid, das nicht nur üppig, sondern verschwenderisch sein sollte. Besonders am Hals bildet sich bei einer leicht groben Struktur des Oberhaares und dichter Unterwolle eine kräftige Halsmähne. Über den Lenden und dem Gesäß ist die Behaarung etwas dünner, flacher und weicher. Darüber hinaus sind die Ohren reich befranst, Läufe und Zehen tragen eine starke Befederung, die Hinterbeine lange „Hosen" und an der Rute, die hoch angesetzt ist, einen schwungvollen Bogen bildet und dicht auf den Lenden getragen wird, wachsen die Haare zu einem herrlichen Federbusch (Abb. 15). Wie bei allen Asiaten, so haben wir auch hier ein doppelschichtiges Haarkleid: ein langes, völlig glattes, abstehendes Deckhaar, darunter eine dichte Unterwolle, leicht wellig. Sie verleiht dem Fell insgesamt den „Sprung".

Abb. 16. Hinterhand zu steil. Rute nicht korrekt, geringelt, chrysanthemenhaft. Fehlerhaft ist auch eine Rute, die nicht über dem Rücken, sondern seitwärts über der Flanke getragen wird.

Abb. 17. Pekingese in „Löwenfarbe".

Der Gang des Pekingesen ist energisch und selbstbewußt. Man sagt, die Ruderbewegungen der krummen Beinchen erinnern an den rollenden Gang eines Seemannes.
Bezüglich der Farben ist so gut wie alles erlaubt. „Ein guter Hund", so sagt man, „hat keine Farben". Die Einfarbigen können rot, schwarz, weiß, gelb, sandfarben, grau oder in allen Schattierungen gestromt, aber auch mit dunklen oder weißen Abzeichen versehen sein. Erwünscht ist eine schwarze Maske. Schecken, bei denen Weiß vorherrschen soll, müssen eine gleichmäßige Kopfzeichnung haben und eine weiße Blesse. Tiere mit völlig einfarbigem Kopf und einer geschlossenen Rükkendecke werden *Mantelhunde* genannt.
Über die Größe läßt sich sagen: „Je kleiner, desto besser". Doch unterliege man hier nicht einem Trugschluß; denn der Pekingese ist ein massiver, starkknochiger Hund, daher bei aller Kleinheit überraschend schwer. Als Richtlinie für das Idealgewicht mag gelten 7–11 lbs (3, 2–5 kg) für Rüden, 8–12 lbs (3, 6–5,4 kg) für Hündinnen. Zartknochige, leichte Typen sind weder für die Ausstellung noch für die Zucht geeignet.

Der Shih Tzu (gesprochen: Schid Zu)

Tibet, jenes geheimnisvolle Land auf dem „Dach der Welt“, wird als Heimatland dieser Hunde angegeben. Die Chinesen selbst weisen auf den Ursprung dieser Hunde hin: Shi-tze-kou (Shi-tze oder Shih Tzu = Löwe, kou = Hund) oder kurz Shih Tzu, heißt *Tibetanischer Löwenhund.* Damit wird dieser kleine Hund eingeordnet in die Gruppe der Löwenhunde des Fernen Ostens, die, in Verbindung mit Buddha, in der Mythologie dieser Länder eine besondere Rolle spielten. Mit dem Sinnbild des Löwen – als Ausdruck für Stärke und Macht – umgaben sich daher naturgemäß später auch die „Statthalter“ Buddhas, jene chinesischen Herrscher, die als Personifizierung der Sonne und der Söhne des Himmels angesehen wurden. Chinesischen Geschichtsschreibern zufolge, leitet sich der Name der Mandschu-Dynastie ab von dem tibetanischen Manjuri, dem Synonym für Wen Shu (chinesischer Buddha). Wann diese kleinen, zotthaarigen Hunde über Tibet nach China gelangten, ob zu Zeiten der frühen Mandschu-Dynastie oder bereits sehr viel früher, läßt sich mit Sicherheit nicht feststellen. Bereits Marco Polo, ein erklärter Freund des Kubilai Khan, jenes Oberhauptes der Mongolen, der, von den Lamas bekehrt, über Tibet hinweg China eroberte und dort im 13. Jahrhundert die Yüan Dynastie begründete, erwähnt in seinen Reiseberichten jene „kleinen, goldfarbenen Hunde, die dort gewöhnlich von den Leuten in ihren Häusern gezüchtet werden“. Ein anderer chinesischer Chronist aus derselben Zeit berichtet von einem Mann namens Shen Heng Chi, der in seinem Haus einen „Chin Ssu“ züchtete.
Nach älteren Legenden, die vor allem von Collier in „Dogs of China and Japan“ und von Lauffer in „Chinese Pottery of the Han Dynasty“ unterstützt werden, soll zu Zeiten der Tang Dynastie (618–906 n. Chr.) der König K'iu T'ai von Viqur dem chinesischen Herrscherhaus ein Pärchen Hunde zum Geschenk gemacht haben, von denen es hieß, sie seien aus Fu Lin in der Türkei, dem Mittelpunkt des damaligen Byzantinischen Reiches. Alle Anzeichen sprechen nach Collier dafür, daß diese Hunde wahrscheinlich maltesischer Herkunft sind; denn Hunde aus Malta waren in Byzanz sehr geschätzt. Noch im 17. Jahrhundert erwähnt die chinesische Literatur die Nachkommen dieser Tiere als „Hunde von Fu Lin“.
Erwähnenswert ist in diesem Zusammenhang, daß die kurznasigen Hunde der Provinz Shantung eingeteilt wurden in „türkische“ und „ha pa“. In einer Beschreibung der Präfektur von Shan t'ien werden die langhaarigen unter ihnen als „affenähnliche Löwenhunde“ bezeichnet, und es heißt weiter, die Menschen dort nennen sie „Shih nung kou“ (nae, nung oder nang = langhaariger, gelber Affe).
Sicher ist, daß kleine, langhaarige Hunde stets als Kostbarkeiten galten und gerne als Gastgeschenke oder als Tributzahlungen unter den Herrscherhäusern ausgetauscht wurden. Noch im Jahre 1909 überreichte zum Beispiel der Dalai Lama an-

läßlich seines Besuches bei der Kaiserin von China einige dieser Hündchen als Gastgeschenk. Beobachter beschreiben, sie seien von ähnlicher Art gewesen wie die Löwenhündchen in Peking.
Bei oberflächlicher Betrachtung vereinigt der Shih Tzu in sich bestimmte Charakterzüge des tibetanischen Lhasa Apso und des Peking-Palasthundes. So geht auch die Ansicht vieler Autoren dahin, daß sich bei dem ursprünglich „fremden" Löwenhund im Laufe seiner Weiterzüchtung in China eine Wandlung vollzogen habe. Ob hierbei der kurznasige chinesische Mops (ha pa) Pate gestanden hat oder der Pekingese, wird sich im nachhinein schwerlich feststellen lassen. Letztere Ansicht hat sich im übrigen bis in die 50er Jahre unseres Jahrhunderts gehalten, als Züchter in England den Versuch unternahmen, auftretende Fehler beim Shih Tzu durch die Einkreuzung eines Pekingesen auszumerzen.
Im übrigen ist solch eine „Zucht" nicht zu vergleichen mit unserer, durch den Standard festgelegten Reglementierung. Züchten war vielmehr ein intuitiver, schöpferischer Akt. Als Vorlage dienten lediglich Zeichnungen von Hunden aus alten, erhalten gebliebenen Papierrollen oder Gemälde von den jeweiligen Lieblingshunden der Herrscher, die diese bei ihren höfischen Künstlern in Auftrag gegeben hatten. Wer fragte da schon nach den „Zutaten", um ein gefälliges, weil modisches Ziel zu erreichen? Wo die Natur nicht mitspielte, versuchte man durch künstliche Mittel etwas nachzuhelfen. Dabei ging es – vor allem in der Zeit des Tao Kung (1821–51), als der Kult um diese Schoßhündchen wohl seinen Höhepunkt erreichte – nicht immer ohne Grausamkeiten zu. Zwergwuchs sollte erzielt werden durch minimale Ernährung – ein Glaube, dem auch heute noch hin und wieder Züchter unterliegen – oder durch das Einsperren junger Tiere in engen Käfigen, aus denen sie nicht eher befreit wurden, bis sie ausgewachsen waren. Solche Grausamkeiten machten auch vor den Menschen nicht halt. Wir erinnern uns, daß jungen Mädchen die Füße ständig eingeschnürt wurden, damit diese, als Zeichen besonderer Vornehmheit, klein und verkrüppelt blieben.
Von der Vielfalt der am Hofe der letzten Kaiserin Tzu Hsi entwickelten Zucht liegen uns zahlreiche Berichte von Augenzeugen vor. Dort waren es die Eunuchen, die eigens mit der Haltung dieser Hunde betraut waren und unter der wohlwollenden Obhut der Kaiserin allen Ehrgeiz daran setzten, sich gegenseitig in der Zucht der schönsten Exemplare zu übertreffen. Nur weniger gute oder zu groß geratene Tiere (über 12 lbs = 5,4 kg) durften abgegeben werden. Obwohl es bis zum heutigen Tage bei dieser Rasse keine Farbenzucht gibt, scheint man in China doch auf bestimmte Farben und Gleichmäßigkeit der Zeichnung Wert gelegt zu haben. Gelb, als Farbe des kaiserlichen Chinas, war die bevorzugte Farbe auch bei den Tibetanischen Löwenhündchen. Es mußte jedoch ein Kamelgelb sein, kein helles oder

Abb. 18. Eine gelungene Portraitstudie von Shih Tzus.

leuchtendes Gelb. Solche Hunde wurden nicht als „reinrassig" angesehen. Die jeweiligen Farben und Abzeichen hatten besondere Namen. Eine gleichmäßige gelbe Färbung hieß ‚Chin Chia Huang Pao' und ein gelbes Fell mit weißem Nacken ‚Chin Pi Yu Huang Chuan' – ‚goldenes Cape mit weißem Jadekragen'. Ein Hund mit gelbem Fell und weißer Mähne trug den romantischen Namen ‚Chin Pan To Yueh' – ‚goldene Schale, die den Mond hält'. Alle schwarzen Hunde liefen unter der Bezeichnung ‚Yi Ting Mo' – ein Klumpen von Tinte. Sehr phantasievoll war wiederum der Name für Hunde mit schwarzem Fell, weißem Bauch und weißen Füßen: ‚Wu Yun Kai Hsueh' – ‚schwarze Wolken über Schnee'. Ein mehrfarbiger Hund hieß ‚Hua Tse' – blumiges Kind'. Besondere Abzeichen sah man gerne als einige der 32 Hauptmerkmale Buddhas an, und sie versprachen Glück für die Familie. So symbolisierte ein weißer Stirnfleck eines dieser Merkmale: ‚zwischen den Augen ein Zeichen leuchtenden Schnees'. Manchmal wurden diese Tiere auch am Rumpf geschoren, um im Aussehen dem Löwen noch ähnlicher zu werden.
Zur Beschreibung der Körperteil-Proportionen ihres Löwenhündchens bedienten sich die Chinesen des bildhaften Vergleiches mit anderen Tieren: Er sollte den Kopf eines Löwen haben und sein Gesicht dem einer Eule gleichen. Die Augen sollten groß, vorstehend und glänzend sein wie die des Drachen; die Schnauze sollte an das Maul eines Frosches erinnern, die Nase hatte kurz zu sein, „gleich der des Affengottes der Hindu" und der kräftige Rumpf bärenhaft, mit dem breiten Rücken eines Tigers. Das Fell sollte lang und weich sein, die Haare an den Beinen so füllig, daß sie denen eines Elefanten glichen und die Rute mit langen Haarbüscheln besetzt, wie die eines Phönix. Dabei sollte sich das Löwenhündchen so geschmeidig bewegen können wie ein Goldfisch im Wasser.
Als im Jahre 1908 die Kaiserin Hzu Hsi verstarb, gab es keinen am kaiserlichen Hofe, der an der Weiterzucht dieser Hunde interessiert gewesen wäre. So wurden sie teilweise verschenkt, an ausländische Diplomaten abgegeben oder auf den Hundemärkten von Lung Fu Ssu und Hu Kuo Ssu verkauft. In den frühen 30er Jahren unseres Jahrhunderts gelangten die ersten Importe nach England (Sir Douglas und dessen Ehefrau Lady Brownrigg importierten „Shu Ssa", etwa 5,4 kg schwer, und „Hibou", 5,85 kg) und Irland (Miß Hutchins importierte den Rüden Lung Fu Ssu, ca. 6,3 kg schwer). Weitere Importe folgten. Doch wurden diese Hunde in England zunächst einmal wegen ihrer Schwarz-Weiß-Färbung als ‚parti-coloured Apsos' (gescheckte Apsos) angesehen und als solche auch in *Hutchinson's Dog Encyclopaedia* beschrieben. Auch andere Namen, wie *Tibetan Poodle, Poodle Terrier, Lhasa* Terrier, *Lhasa Lion Dog* und *Chrysantheum Dog* waren im Umlauf. Erst als im Jahre 1933 echte Apsos, die die Bailey's von der tibetischen Grenze mitgebracht hatten, und diese chinesischen Importe zusammen auf einer Hundeausstellung erschienen, traten die Unterschiede dieser beiden Rassen deutlich zutage: der Lhasa Apso mit schmalerem Kopf, mandelförmigen Augen und längerer Nase im Vergleich zu dem rundköpfigen, kurznasigen und tiefer im Gebäude ste-

Abb. 19. Shih Tzu in vollendeter Schönheit. Solch ein Haarkleid erfordert ein sehr „behütetes" Leben.

henden Hund chinesischer Herkunft. So willigte der englische Kennel Club bereits im Jahre 1934 ein, diese Rassen fortan als Lhasa Apso und Shih Tzu getrennt zu führen. Etwa zur gleichen Zeit der englischen Importe brachte Mrs. Henrik Kauffmann, Frau eines ehemaligen dänischen Botschafters in China, ihre in China erworbenen Hunde „Aidzo", „Leidza" und „Schauder" nach Norwegen. Hier wurden sie zunächst vom norwegischen Kennel Club als *Lhasa Terrier* registriert. Ein Irrtum, der erst im Jahre 1939 korrigiert wurde. Diese Hunde bildeten die Grundlage für die Zucht in Skandinavien. Nachkommen von ihnen gelangten im Jahre 1959 nach Deutschland (*Geusendamm,* Zwinger ‚vom Tschomo Lungma') und wurden

hier mit Erfolg weitergezüchtet. Den Rüden „Choo Choo" machten im Jahre 1933 die Kauffmanns der damaligen Herzogin von York und jetzigen Königinmutter Elizabeth zum Geschenk. Beeindruckt durch deren spontane Begeisterung zu diesem kleinen Hund, entschlossen sich bald auch andere Mitglieder der königlichen Familie zu einem Shih Tzu. Dies trug natürlich wesentlich zu seiner Popularität bei. Kenner behaupten, die skandinavischen Importe seien kleiner und im Typ besser gewesen, als die frühen und auch späteren englischen Importe, deren Nachwuchs in der Regel zu groß und und zu schwer gedieh.
Bedingt durch die Wirren des Zweiten Weltkrieges sowie durch die strengen Einfuhrbestimmungen, denen Hundeimporte nach England unterliegen, erreichte die Zucht des Shih Tzu in England in den 50er Jahren einen Tiefpunkt. Untypische Hunde mit Übergrößen, zu schmalen Köpfen, überlangen Nasen, spitzen Vorgesichtern, kleinen, zu nahe beieinander liegenden Augen, schlechten Haaranlagen, feinknochigen und hochbeinigen Gebäuden waren keine Seltenheiten. Das waren die Gründe, die Miß Freda Evans, eine im Züchten von Shih Tzu zwar unerfahrene, von Peking-Palasthunden jedoch renommierte Frau, veranlaßten, mit einer Peken-Einkreuzung dieser Misere abzuhelfen. Dies geschah zwar in Absprache mit dem englischen Kennel Club, und die Nachkommen aus dieser Verbindung wurden auch erst wieder nach der 4. Generation in das Zuchtbuch eingetragen, doch löste dieser Versuch einen Sturm der Entrüstung aus und spaltete das Lager der Shih-Tzu-Züchter. Unverkennbar wurden einige Verbesserungen erzielt, aber auch schwerwiegende Fehler, wie große, hervorstehende Augen, gekrümmte Vorderläufe, ausdrehend in den Vorderfußwurzelgelenken u. a. in die Rasse hineingebracht. Fehler, die noch heute, nach 30 Jahren, hin und wieder zu Rückschlägen führen. Es bleibt zu hoffen, daß ein solches Experiment nicht wiederholt wird; vor allem da die Zucht mit den Peking-Palasthunden zu Tieren geführt hat, die nichts mehr mit den ursprünglichen Palasthunden des kaiserlichen Hofes gemein haben.
Beide Linien, die englische und die skandinavische, haben sich in den letzten Jahren ergänzt und einen relativ einheitlichen Typ hervorgebracht. Wie groß die Verwirrung gerade um diese Hunderasse war, sei nochmals am Beispiel der USA verdeutlicht. Angehörige der in England stationierten US-Army hatten in den Jahren 1942 bis 1952 Shih Tzus aus England in die USA importiert. Vom Amerikanischen Kennel Club (AKC) wurden diese Hunde aber als Lhasa Apsos registriert und fanden als solche auch in der dortigen Apso-Zucht Eingang. Erst im Jahre 1955 erkannte der AKC den Shih Tzu als selbständige Rasse an und erteilte die Genehmigung, Hunde dieser Rasse in der *Miscellaneous Class* auszustellen. Das ist eine gemischte Klasse von Hunden, die noch nicht im Zuchtbuch des AKC geführt werden. Eine Anerkennung des Standards mit Übernahme in das Zuchtbuch erfolgte erst im Jahre 1969.

Rassestandard des Shih Tzu

(Nr. 208 der FCI vom 16. 12. 1957, auf Grund der englischen Fassung)

Erscheinung: sehr aktiv, lebhaft, wachsam, mit einer ausgesprochen arroganten Haltung. Der Shih Tzu ist weder ein Terrier noch ein Zwerghund.
Kopf: Hirnschädel breit und rund, weit zwischen den Augen. Schopfköpfig mit Haar, das reich über die Augen fällt. Starker Bart und Backenbart, wobei das auf der Nase aufwärts wachsende Haar einen deutlichen chrysanthemenhaften Effekt ergibt.
Fang: quadratisch und kurz, aber nicht faltig wie beim Pekingesen, flach und behaart. Nasenschwamm bevorzugt schwarz, Nasenlänge von der Spitze bis zum Stop ca. 2,5 cm.
Augen: groß, dunkel und rund, aber nicht vorstehend.
Ohren: groß, mit langen Ohrledern, fallend getragen. Ansatz leicht unterhalb der Schädelkrone; so stark behaart, daß sich Behang- und Nackenhaar zu vermischen scheinen.

Abb. 20. Shih Tzu, Standardbezeichnungen.
1 Hirnschädel, 2 Haarschopf, 3 Fang, 4 Kinn- und Backenbart, 5 Ohren, 6 Vorderläufe, 7 Gebäude, 8 Hinterläufe, 9 Pfoten, 10 Rute.

Gebiß: leichter Vorbiß oder Zangenbiß.
Vorderläufe: Beine kurz und muskulös mit kräftigen Knochen. Die Beine sollen in Anbetracht des Haarreichtums besonders massiv wirken.
Gebäude: Die Körperlänge zwischen Widerrist und Rutenansatz ist größer als die Wideʀristhöhe, breite und tiefe Brust mit gutem Schluß, festem, geschlossenen Gebäude und strammem, geradem Rücken.
Hinterläufe: Kurz, muskulös mit kräftigen Knochen. Von hinten gesehen sollen sie gerade sein. Oberschenkel muskulös und gerundet. Die Beine sollen bei reichlicher Behaarung massiv wirken.
Pfoten: fest und gut gepolstert, sie sollen bei reichlicher Behaarung groß wirken.
Rute: stark befedert und über den Rücken gerollt, fröhlich getragen, hoch angesetzt.
Behaarung: lang, dicht, nicht lockig, mit dichtem Unterhaar.
Farbe: Alle Farben sind erlaubt, aber weiße Blesse und weiße Rutenspitze werden hoch geschätzt und sollten nicht fehlen. Leberfarbene Hunde dürfen dunkelleberfarbene Nase haben und etwas hellere Augen. Pigmentierung am Fang, den Lefzen und am Nasenschwamm möglichst gleichförmig.
Gewicht und Größe: bis zu 8,1 kg, Idealgewicht zwischen 4,5 und 7,2 kg. Widerristhöhe nicht über 27 cm. Typ und Zuchteigenschaften sind von größter Bedeutung, sie sollen unter keinen Umständen nur der Größe wegen geopfert werden.
Fehler: schmaler Kopf, Schweineschnauze, zu weiche, dünne Behaarung, zu langer, schmaler Fang, nichtpigmentierte Augenlider, fleischfarbener Nasenschwamm, kleine, helle Augen, Glotzaugen, Hochbeinigkeit, hängende Rute, scheues, ängstliches Wesen.

Erläuterungen zum Standard

Der Shih Tzu zählt zweifellos zu den zauberhaftesten und liebenswertesten Hunderassen. Obgleich klein und zierlich wirkend, ist er ein beherzter kleiner Bursche, der sehr viel mehr Widerstandskraft besitzt als so manche andere Rasse. Jeder Shih Tzu stellt eine Persönlichkeit für sich dar. Ein überschäumendes Temperament, verbunden mit einem für sich einnehmenden, überaus freundlichen Wesen, ist dieser Rasse eigen. Selbst in der Bewegung, ebenlinig gerade und etwas arrogant wirkend, vermittelt der Shih Tzu noch den Eindruck von Würde und Kraft zugleich. Außer diesem ersten Gesamteindruck sollte es dem Betrachter bereits beim ersten flüchtigen Blick möglich sein, die Geschlechter zu unterscheiden. Die Hündin muß feminin wirken, feiner in ihren Linien, der Rüde dagegen maskulin, starkknochiger und grober, ohne klobig zu erscheinen.
Der Kopf des Shih Tzu soll breit und rund sein, sowohl von vorne als auch vom Profil her betrachtet. Die Proportionen von der Nasenspitze bis zum Stirnabsatz und vom Stirnabsatz bis zum Hinterhauptbein sollen etwa im Verhältnis 1:4 (oder 5) stehen. Die Abgrenzung zwischen Vorgesicht und Oberkopf wird durch einen stark

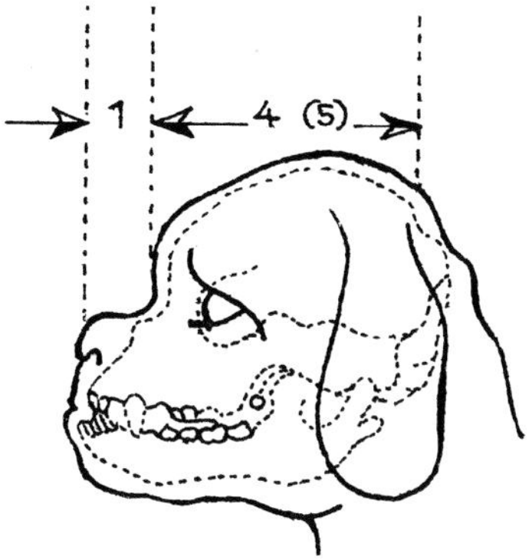

Abb. 21. Typischer Kopf mit gutem Stirnabsatz (Stop) und leicht aufwärts gerichteter Nase. Das Verhältnis von der Nasenspitze bis zum Stirnabsatz und das vom Stirnabsatz bis zum Hinterhauptbein beträgt etwa 1 : 4 oder 5, die Nasenlänge bis zu 2,5 cm.

betonten Stirnabsatz gebildet. Dieser darf nicht, wie beim Lhasa Apso, hinter den Augenbrauen abfallen. Ein typisches Merkmal ist die Nase, die zwar in ihrer Größe harmonisch zum Kopf sein muß, aber nicht länger als etwa 1 inch (2,5 cm) sein darf (Abb. 21). Längere Nasen erinnern zu sehr an den Apso, vor allem dann, wenn der obere Nasenrand in einer Ebene mit dem unteren Augenlid liegt. Um den gewünschten Effekt eines mehr oder weniger arroganten Ausdruckes zu erzielen, sollte der obere Nasenrand etwa auf einer Höhe mit den Augenwinkeln liegen, also nicht so hoch wie beim Pekingesen, aber höher als beim Lhasa Apso. Verläuft der Nasenrücken noch dazu nicht gerade, sondern leicht nach oben gerichtet, wird der Eindruck des Arroganten verstärkt (Abb. 22). Für ein beschwerdefreies Leben eines solchen kurznasigen Hundes ist es besonders wichtig, daß die Nase mit möglichst großen Nasenlöchern ausgestattet ist. Hunde mit zu kleinen Nasenlöchern neigen leicht zu Atembeschwerden.

Die Augen des Shih Tzu gehören mit zu den anziehendsten Dingen, die diese Rasse auszeichnen. Sie sind groß, auf keinen Fall hervorstehend, rund, nicht mandelförmig wie beim Apso oder Tibet Spaniel, glänzend und selbst bei vollem Sonnenlicht dunkel. Hellere Augenschattierungen sind unerwünscht. Die Ausnahme bilden hier die im Standard zugelassenen leberfarbenen Hun-

Abb. 22. Gesichts- und Hirnschädel stehen etwa im Verhältnis 1 : 4 (5). Der Stirnabsatz ist deutlich erkennbar. Der obere Nasenrand liegt bei leicht aufwärts gerichteter Nase etwa in Höhe des Augenwinkels.

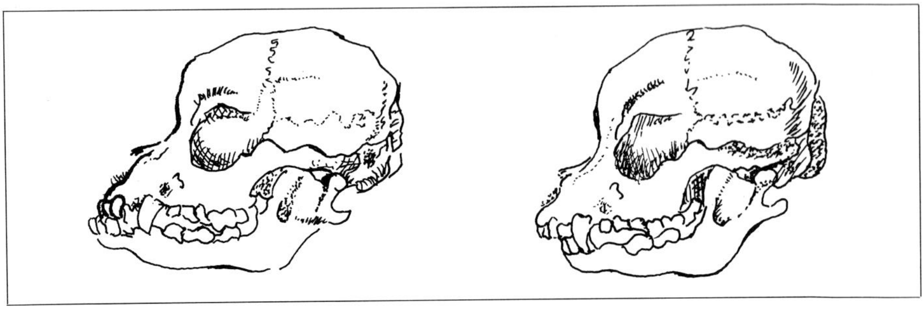

Abb. 23 (links). Korrektes Gebiß: Die unteren Schneidezähne greifen in Form einer Schere über die des Oberkiefers (Vorbiß), oder die Schneidezähne des Ober- und Unterkiefers stehen aufeinander (Aufbiß). Die Zahnleiste der Schneidezähne verläuft gerade.

Abb. 24 (rechts). Ein als fehlerhaft zu bezeichnender Unterbiß. Ein Hund mit solch einem Gebiß ist für die Zucht und für Ausstellungen nicht geeignet.

de, deren Farbkomplex im übrigen auch stets verbunden ist mit einer braunen Nase. Wie beim Pekingesen sollen auch hier die Augen ziemlich weit auseinander liegen und in ihrer Blickrichtung nach vorne orientiert sein.

Betrachten wir den Fang, so sollten Ober- und Unterkiefer in einer Ebene übereinander liegen oder aber die Zähne des Unterkiefers ganz leicht in Form einer umgekehrten Schere über die des Oberkiefers greifen (s. Abb. 23).

Ein zu stark hervortretender Unterkiefer, bei dem die Zähne selbst bei geschlossenem Fang zu sehen sind, ist als fehlerhaft zu betrachten. Gravierender und in der Regel zuchtausschließend ist der Unterbiß (Abb. 24). Hier überragen die Zähne des Oberkiefers die des Unterkiefers erheblich. Selbst das bei langnasigen Hunden übliche Scherengebiß kann beim Shih Tzu zu einer zu schwachen Betonung des Kinns führen und damit zum Verlust des „affenähnlichen“ Gesichtsausdruckes. Sechs Schneidezähne, die in einer geraden Reihe zwischen den Eckzähnen stehen, gehören zum idealen Shih Tzu-Gebiß. Es ist bei kurzköpfigen Hunden nicht ungewöhnlich und kann toleriert werden, wenn lediglich fünf oder vier Schneidezähne vorhanden sind. Weitere Zahnverluste bedingen jedoch zumeist eine unerwünschte, zu schmale Ausbildung des Kiefers. Hierunter leidet der Gesamteindruck des Kopfes.

Der Hals sollte nicht zu kurz sein und gut aus der Schulter herauskommen, damit die fließenden Formen der Außenlinie gewahrt bleiben und die stolze Haltung des Kopfes nicht verlorengeht. Ein zu kurzer Hals geht oft einher mit einer steil gelagerten Schulter, die wiederum den Hund in den erwünschten ausgreifenden Bewegungen seiner Vordergliedmaßen beengt.

Zu einem harmonischen Gesamtbild gehört das richtige Verhältnis von Körperhöhe und -länge. Nach dem Standard soll die Körperlänge, gemessen vom Widerrist bis zur Schwanzwurzel, länger sein als die ebenfalls am Widerrist gemessene Höhe. Ein Rücken allerdings, der so lang ist, wie der eines Skye-Terriers, ist in der Regel „weich" und durchhängend und hat einen schlängelnden Gang zur Folge. Vorzuziehen ist daher ein kurzer, eher gedrungener, jedoch nicht quadratischer Körper. Im Gegensatz zur schmäleren Brust des Apsos soll die des Shih Tzu breit und tief sein, nicht tonnenförmig wie die des Pekingesen, dessen rollende Vorhandbewegung hauptsächlich hierdurch bedingt ist. Ober- und Unterlinie des Rumpfes verlaufen fast parallel. Die Ellenbogengelenke sind seitlich gut am Rippenkorb angelagert. Außer einer ganz leichten Biegung sind die Vorderläufe gerade und stehen, von vorne betrachtet, parallel. Ausgedrehte Vorderfußwurzelgelenke wirken pekenhaft. Die Hinterhand muß stark bemuskelt sein. Der Rücken ist gerade und darf nicht „überbaut" sein. Beim Laufen soll man die Ballen der Pfoten

Abb. 25. Äußere Umrißlinien des Shih Tzu.
Rücken- und Bauchlinie verlaufen fast parallel. Der Shih Tzu hat keine Taille, d. h. die Bauchlinie ist weder aufgezogen noch wird der Rumpf nach hinten hin schmäler. Der Rücken ist gerade. Die Rute ist hoch angesetzt und gebogen wie der „Henkel einer Teekanne" (teapot handle) mit einer Befederung, die seitlich herunterfällt. Die Nachhand ist gut gewinkelt. Die Ellenbogen liegen im Idealfall in gleicher Höhe oder etwas höher als der untere Rippenansatz (Brustbein). Widerrist, Ellbogenhöcker und Pfoten liegen in einer Fallinie.

sehen. Das setzt ein gutes Ausschwingen, verbunden mit einer guten Winkelung, voraus. Die Rute ist hoch angesetzt und wird über den Rücken gelegt getragen, versehen mit einer starken Befederung, die kaskadenförmig über die Hinterhand fällt (Abb. 25). Das lange, verschwenderische Haarkleid überdeckt Kopf, Rumpf und Gliedmaßen völlig. Es muß doppelschichtig, das heißt mit einer guten Unterwolle versehen sein. Neben der starken Befederung der Ohren verstärken ein kräftiger Kinn- und Backenbart sowie ein Schnurrbart den orientalischen Charakter. Das Haar an der Nase wächst aufrecht und erweckt einen seltsamen, an eine Chrysantheme erinnernden Eindruck, der durch die auf der Schädeldecke zusammengebundene Haarkrone verstärkt wird (Abb. 18 und 22).
Die Textur der Haare ist im Standard nicht erwähnt. In der Beschreibung sind sie mit dem menschlichen Haar zu vergleichen. Mit der Unterschiedlichkeit der Farben ändert sich auch die Textur. Das erwünschte Haar ist hart und fein, fällt gerade herunter oder ist leicht wellig. Es darf in keinem Fall lockig oder in sich gekräuselt sein. Das Haar scheitelt sich in einem natürlichen Fall über dem Rücken. Ein langes, fließendes, bis zur Erde reichendes Haarkleid ist zwar erwünscht, erfordert jedoch ein sehr „behütetes" Leben.
Fehlerhaft ist es jedoch, wenn der ausgewachsene Hund ein zu kurzes Haarkleid hat – etwa nur 6–8 cm lang – und keine Unterwolle.
Größe und Gewicht des Shih Tzu waren lange Zeit wohl die am häufigsten diskutierten Punkte des Standards. Doch diese Streitereien gehören der Vergangenheit an. Man muß allgemein zur Kenntnis nehmen, daß es bei dieser Rasse seit alters her beträchtliche Unterschiede in Größe und Gewicht gegeben hat. Im Standard ist dieses berücksichtigt durch die Gewichtsspannen zwischen 4,5 und 8,1 kg und einer erlaubten Höhe bis zu 27 cm. Dabei strebt die Mehrzahl der Züchter heute wohl solide Mittelmaße zwischen 5,5 und 6,5 kg an.

Der neue Hausgenosse

Einige Vorüberlegungen

Da in der Regel drei von vier zukünftigen Hundekäufern den Wunsch haben, einen Welpen oder *puppy,* wie junge, von der Mutter entwöhnte Tiere genannt werden, zu erstehen, soll in diesem Kapitel vor allem hiervon die Rede sein. Soviel vielleicht vorab: nichts gegen den Kauf eines Junghundes zwischen sechs und neun Mona-

Abb. 26. Eine Peken-Mutter mit ihrem hoffnungsvollen Nachwuchs.

ten. Sofern es sich nicht gerade um einen „Wildling“ handelt, der in einem Zwinger aufgewachsen und gehalten wurde, sondern um einen Hund mit Familienanschluß, der bereits gelernt hat, sein Geschäft nicht auf den Teppich zu setzen und brav an der Leine zu gehen, dürfte der Junghund ideal für denjenigen sein, der wenig Geduld und Zeit aufbringen kann, um sich mit einem Welpen zu beschäftigen. Er befindet sich immerhin noch in einem Alter, in dem ihm erworbene Unarten abgewöhnt werden können. Bei einem noch älteren Hund gehört allerdings auf beiden Seiten schon sehr viel Einfühlungsvermögen dazu, um sich den jeweiligen Gewohnheiten anzupassen. Wer keine Erfahrung im Umgang mit Hunden hat oder lediglich einen Spielgefährten für seine Kinder sucht, dem rate ich hier ab. Die Mütterlichkeit der meisten Frauen neigt dazu, einen in seiner Tolpatschigkeit niedlich und hilflos wirkenden Welpen zu erstehen und zu erleben, wie unter eigener Fürsorge aus solch einem kleinen Kerl ein erwachsener Hausgefährte wird.
Einen Hund kaufen, heißt in der Regel einen Welpen kaufen. Ehe Sie sich hierzu entschließen, sollten Sie ernsthaft prüfen, ob Sie es aus echter Tierliebe tun oder nur, weil Sie so ein drolliges, zottiges Hündchen „süß“ und „niedlich“ finden. Aus dieser Reaktion, die nach Konrad Lorenz auf einem *Kindchenschema* basiert, wird nicht selten nur der Besitzwille wach. „Aber schon bald darauf, wenn das Tier Unreinigkeiten im Haus zeigt, mit Hingabe richtig erzogen werden müßte, mit viel Zeitaufwand freundliche Zuwendungen, Spiel und Auslauf fordert, wenn Kosten für Futter und Tierarzt anfallen – wie schnell erkaltet dann diese Pseudo-Tierliebe, wie seelisch grausam wird das Heimtier dann weiterverkauft, in ein Tierheim abgeschoben, wo es zumeist eingeschläfert wird oder einfach gnadenlos ausgesetzt“ (Dröscher).
Die Umstellung in ein neues Heim ist der erste große Einschnitt im Leben eines kleinen Hundes. Er wird ihn rasch überwinden und zutraulich werden, wenn Sie behutsam vorgehen und ihm zeigen, was Sie von ihm erwarten. Ein Welpe spielt übermütig und ausdauernd. Dazwischen aber benötigt er, wie ein Baby, viele Stunden ungestörten Schlafes. Ehe Sie ihn in Ihr Heim holen, sollten Sie bereits seinen Schlafplatz festgelegt haben, ebenso einen Ort, wo er seinen Napf und Futter und Wasser findet. Für den Fall, daß er bei der Übernahme noch kein Halsband umhaben sollte, besorgen Sie ein Lederband oder auch ein sogenanntes Katzengeschirr. Es muß nicht teuer sein, denn er wird schnell herauswachsen. Auch die ersten Pflegeartikel, wie Kamm und Bürste, sollten Sie nicht vergessen. Vielleicht auch etwas Spielzeug, ein Gummibällchen oder einen Büffelhautknochen, das ihn beschäftigt und über die ersten Tage des Heimwehs hinweghilft.
Nicht alle Hundekäufer sind in der glücklichen Lage, in einem Eigenheim zu wohnen oder gar auf dem Lande, mit Garten, wo sich ein Hund ungezwungen austoben kann. Als Mieter einer Wohnung ist man dem Hauseigentümer gegenüber verantwortlich und zu erhöhter Rücksichtnahme gegenüber anderen Mietparteien gezwungen. Das Zusammenleben wird geregelt durch eine besondere Hausordnung

Abb. 27. Ein kuschelweicher Pekingesenwelpe.

und einen Mietvertrag, der oft das Halten eines Hundes untersagt. Ein offenes Wort mit Ihrem Vermieter und Ihren Nachbarn vor dem Kauf kann Ihnen viel Ärger ersparen. Zwar tendiert die deutsche Rechtsprechung zu der Auffassung, daß über das Vertragsrecht hinaus die Haustierhaltung unter dem besonderen Schutz des Persönlichkeitsrechtes steht, doch Prozesse sind immer unerfreulich, und wenn Sie keine Einigung erzielen, sollten Sie vorerst – wenn auch schweren Herzens – auf den Kauf eines Hundes verzichten.

Der Kauf

Es gibt viele Möglichkeiten, wie Sie zu einem Hund Ihrer Wahl kommen und als Laie dabei leider auch oft im Sinne des Wortes „auf den Hund kommen"; denn das Geschäft mit Hunden hat viele unseriöse Händler auf den Plan gerufen, die von gewissenlosen Züchtern mit der „Ware“ Hund beliefert werden. Welpen sind anfällig gegen Krankheiten, vor allem, wenn sie über den langen Weg des Handels endlich in die Hände eines Käufers gelangen. Um so größer ist der Schmerz, wenn so eine Handvoll Hund nach dieser Irrfahrt beim Tierarzt landet und die vernichtende Diagnose „nicht mehr zu retten!“ lautet. Risikoloser ist der Kauf beim Züchter. Einige Züchter inserieren hin und wieder in einer Tageszeitung. Der Besuch einer Hundeausstellung, auf der Sie mit einer Vielzahl von Züchtern der Rasse Ihrer Wahl Kontakt aufnehmen können, ist jedoch unverbindlicher. Hundeausstellungen werden vom „Verband für das Deutsche Hundewesen“ (VDH) vom Frühjahr bis zum Herbst in vielen Städten organisiert. Über diesen Verband erfahren Sie auch für Ihre Rasse zuständige Hundeclubs (Anschrift s. Anhang).

Die Auswahl eines Welpen

Wenn Sie nur nach einem gesunden, attraktiven, aufgeweckten Familienhund suchen, lassen Sie sich bei der Auswahl ruhig von Ihren Gefühlen leiten. Manchmal ist es die Liebe auf den ersten Blick, und der Welpe hat Sie gewählt. Ein seriöser Züchter wird Sie gerne bei der Auswahl beraten und Ihnen die Unterschiede zwischen einem zukünftigen Ausstellungshund und einem *pet* (Schoßhund), wie die Angelsachsen einen rassereinen Hund, der nicht alle Anzeichen eines künftigen Siegers aufweist, nennen. Solche Unterschiede werden sich auch im Preis ausdrücken. Auf einige äußere Erscheinungsmerkmale können Sie selbst achten. So müssen bei einem gesunden Welpen Augen und Ohren frei sein von eitrigen gelblich bis grünlichen Ausflüssen. Der Körper sollte muskulös sein, mit kräftigen Beinknochen. Das Haarkleid gut riechend, frei von Schuppen und Ungeziefer. Welpen haben selbst innerhalb eines Wurfes sehr unterschiedliche Temperamente. Zuweilen finden Sie jene temperamentvollen Typen, die sich übertreffen in ihrer Selbstdarstellung und es verstehen, sich bei jedem Besucher ins rechte Licht zu setzen. Doch achten Sie auch auf die etwas stilleren; denn es ist ganz natürlich, wenn Welpen Fremden gegenüber zurückhaltend sind. Ein Welpe, der Ihre Anwesenheit toleriert, nachdem er gespürt hat, daß von Ihnen keine Gefahr droht, ist durchaus nicht als furchtsam zu bezeichnen. Losgelöst aus dem Rudel, als Einzelhund im Mittelpunkt der Familie, kann sich aus ihm durchaus ein quirliger kleiner Geselle entwickeln. Andererseits ist es nicht jedermanns Sache, täglich mit einem Hund voll überschäumenden Temperaments umgehen zu müssen.
Der Kauf eines Welpen ist Vertrauenssache. Ein ordentlicher Züchter wird Sie darin unterstützen, den gekauften Welpen einem Tierarzt Ihrer Wahl vorzustellen. Doch müssen Sie dies umgehend tun, um bei festgestellten gesundheitlichen Mängeln unter Umständen den Welpen zurückgeben und sich einen anderen aus dem Wurf aussuchen zu können oder Ihr Geld zurückzuerhalten.

In welchem Alter kauft man einen Welpen?

Die Wissenschaft hat die Entwicklung des Welpen in verschiedene Phasen eingeteilt. Sie beginnt mit der *vegetativen Phase,* die 14 Tage dauert, wird zur *Übergangsphase,* in der sich Gesichts- und Gehörsinn entwickeln und setzt sich fort in der *Prägungsphase.* Diese reicht von der 4.–7. Lebenswoche, wenn die Welpen das Nest verlassen und im Spiel mit Mutter und Wurfgeschwistern die ersten Rangordnungskämpfe zu bestehen haben und in die hundliche Gesellschaft hineinwachsen. Es ist für sie ein wichtiger Lebensabschnitt, der ihrem Wohlverhalten im späteren Leben mit anderen Hunden zugute kommt und den wir nicht durch menschliche Erziehung kompensieren können. Welpen, die bereits in dieser Zeit aus dem Nest genommen werden, sind anfällig gegen Krankheiten und bleiben nicht selten in ihrem Wachstum zurück. Nur gewissenlose Züchter stoßen ihre Welpen bereits in dieser Zeit ab. Welpen sollen nicht vor der 8. Lebenswoche abgegeben werden. Es ist dies der Beginn der vierten, der sogenannten *Sozialisierungsphase,* einer Zeit der erhöhten Lernbereitschaft, in der ein Hund in die menschliche Gesellschaft eingeordnet werden muß und seine ersten Erziehungslektionen erhält. Ein Hund, mit dem sich in dieser Zeit niemand beschäftigt, findet sich später nur schwerlich zurecht.

Rüde oder Hündin?

Diese Wahl sollten Sie nach persönlichem Geschmack treffen. Hündinnen, so sagt man, sind anhänglicher, anschmiegsamer, ihre Unterordnung ist ihnen von Natur gegeben. Der Rüde ist etwas kesser, lebhafter, aber auch leicht zur Selbständigkeit neigend, wenn ihn der hinreißende Duft einer Hündin erreicht. Jeden Baum, jede Hausecke benutzt er gern als „Bedürfnisanstalt", um sein Revier vor fremden Rüden abzustecken und der hundlichen Damenwelt zu zeigen, wer hier Herr im Hause ist. Damit haben wir auch das Hauptübel einer Hündin angesprochen: zweimal im Jahr, im Frühling und Herbst, wird sie läufig. Ihre Duftnote lockt meilenweit die werbenden Herren an, die die Haustür ihrer Angebeteten umlagern. Das Problem läßt sich umgehen, wenn man seiner Hündin etwa 5–6 Wochen vor der zu erwartenden Hitze vom Tierarzt eine Injektion geben läßt, die die Läufigkeit verhindert. Die erste Läufigkeit muß allerdings durchgestanden werden, da sie nicht unterdrückt werden darf.

Ahnentafel und Impfpaß

Wenn Sie einen rassereinen Hund beim Züchter erwerben, erhalten Sie eine Ahnentafel, ausgestellt vom „Verband für das Deutsche Hundewesen" oder von einem Rassehundezuchtverein, der diesem Verband angeschlossen ist. Eine Ah-

nentafel ist eine Urkunde im juristischen Sinne. Sie gehört untrennbar zum Hund und ist bei dessen Verkauf ohne Aufpreis an den Käufer weiterzugeben. Die Ahnentafel enthält außer dem Namen des Züchters und des ausstellenden Verbandes eine ganze Reihe wichtiger Angaben, wie Rassebezeichnung, Ruf- und Zwingernamen des Hundes, Geschlecht, Geburtsdatum, Farbe, Eltern und weitere Vorfahren bis zu den Urgroßeltern oder Ur-Urgroßeltern. Der Züchter hat durch seine Unterschrift die Richtigkeit dieser Angaben zu bestätigen. Für den Nachweis der Rassenreinheit haben die Verbände für die von ihnen betreuten Rassen ein Zuchtbuch angelegt, in dem die Ahnen, die Geschwister und die Nachfahren eines Hundes genau mit Nummern erfaßt werden.
Im Ausland gilt das sogenannte *Kennelprinzip.* Dort sind die Züchter alle einem Dachverband angeschlossen und lassen in ein gemeinsames Zuchtbuch eintragen. Der Kynologe erkennt die Echtheit dieser Eintragung – und darauf sollte auch der Käufer achten – an der aufgedruckten Abkürzung „FCI" (Fédération Cynologique Internationale). Dies ist eine weltweite Vereinigung mit dem Sitz in Belgien, der alle Länderorganisationen angeschlossen sind und in der gemeinsame Beschlüsse zur Einhaltung des Rassestandards, über das Führen von Zuchtbüchern, das gemeinsame Ausstellungswesen u.a. gefaßt werden.
Bei der Übergabe des Hundes wird dem Käufer ein internationaler Impfpaß ausgehändigt, der Auskunft darüber gibt, welche Schutzimpfungen gegen infektiöse Erkrankungen bereits verabreicht wurden. Sollte Ihr Hund einmal Fieber haben, wird der Tierarzt Sie zunächst nach dieser Impfkarte fragen. Beim grenzüberschreitenden Reiseverkehr ist dieser Paß stets mitzuführen, da aus ihm auch ersichtlich ist, ob Ihr Hund gegen Tollwut geimpft wurde.

Haltung

Die erste Nacht im neuen Heim

Machen Sie sich darauf gefaßt, daß die erste Nacht mit Ihrem neuen Hausgenossen sehr unruhig verlaufen kann. Die plötzliche Trennung aus einer gewohnten Umgebung ist für ihn ein einschneidendes Erlebnis, das ihn verwirrt und ängstigt. Wenn Sie ihm erlauben, die Nacht in Ihrem Schlafzimmer zu verbringen, wird es kaum Probleme geben, denn Ihre Gegenwart wird ihn schnell beruhigen. Doch sollte Ihnen bewußt sein, daß Sie dies dann auch für die weitere Zukunft tun müssen. Wol-

Abb. 28. Hundehöhle. Hier fühlt sich der junge Hund geborgen.

len Sie das nicht, müssen Sie ihm sofort eine besondere Schlafstätte zuweisen, sei es im Badezimmer oder in der Küche, jedenfalls dort, wo der Boden dafür geeignet ist, Häufchen oder Pfützchen mühelos zu entfernen, wenn er sich einmal vergißt. Dort alleingelassen, wird er zunächst winseln und bellen, und es verlangt einige Disziplin, ihn in diesem Moment nicht aus seiner Lage zu befreien. Es kann einige Nächte dauern, bis er sich an diesen Zustand gewöhnt hat. Hilfreich kann ein laut tickender Wecker sein oder ein auf Zimmerlautstärke eingestelltes Radio, das Sie ihm in seinen Schlafraum stellen. Diese Geräuschkulisse beruhigt und läßt ihn das Alleinsein besser ertragen.

Das Hundelager

Jeder Hund liebt es, einen eigenen Ruheplatz zu haben, wo er sich auch tagsüber nach übermütigem Spiel zu einem Schläfchen zurückziehen kann. Gerne benutzen sie eine Art Höhle, allseits geschlossen bis auf das Schlupfloch (Abb. 28). Sie sollte auf alle Fälle so groß sein, daß er sich nicht beengt fühlt und auch als erwachsener Hund darin Platz findet. Sehr geeignet sind die von den Fluggesellschaften benutzten Transportbehälter aus Holz oder Kunststoff. Hat er solch einen Käfig als seine Zufluchtstätte angenommen, können Sie ihn auch ruhig einmal alleine lassen, wenn Sie aus dem Hause gehen.

Erziehung

Wie jedes Familienmitglied, hat auch der neue Hausgenosse zu lernen, sich an bestimmte Regeln des Zusammenlebens zu gewöhnen. Sie anzuerziehen, damit muß bereits im Welpenalter begonnen werden. Erziehung ist eine Bildung von Gewohnheiten. Vor allem heißt es hierbei, konsequent zu sein. Wenn Sie „Nein" sagen, muß es bei einem „Nein" bleiben, und Sie dürfen nicht heute etwas erlauben, um es morgen zu verbieten. Ein Welpe ist bereits reif genug, zu lernen, was Sie von ihm wollen. Wenn er an Teppichfransen oder Möbeln nagt, wenn er in seiner Neugier versucht, den Inhalt des Papierkorbes zu erforschen oder sich in ein verbotenes Zimmer begibt – Ihre Reaktion muß „Nein" sein. Junge Hunde haben ein sehr feines Gespür, was sie dürfen und was nicht. Schon den scharfen Tonfall Ihrer Stimme verbinden sie mit etwas Unangenehmem. Manche Burschen sind von Natur aus renitenter. Ein leichter Klaps mit einer zusammengerollten Zeitung wird sie lehren, daß sie etwas Verbotenes tun. Lob und Tadel sind der Zugang des Menschen in die Welt des Hundes. Loben Sie Ihren Hund, wenn er begriffen hat, was Sie von ihm wollen.

Stubenreinheit

Schon im Sinne Ihrer eigenen Bequemlichkeit gehört diese zu den ersten Lektionen. Solange Ihr Hund sich noch nicht „kontrollieren" kann, erlauben Sie ihm nicht, unbeaufsichtigt durch das ganze Haus zu laufen. Er wird sonst nach eigenem Ermessen seine Toilette in irgendeinen Teil der Wohnung verlegen und auf dieser Stelle für immer beharren wollen. Halten Sie ihn in den ersten Tagen so, daß Sie ihn ständig beobachten können. Ein Welpe beschmutzt sein Lager nur im Notfall, doch muß er wissen, wo er sein Geschäftchen verrichten darf. Besitzer eines Gartens sind hier von Anfang an im Vorteil. Für die Stadtwohnung hat sich das *PC,* das *paper closet,* ein aus mehreren Schichten von Zeitungspapier bereitetes WC, bewährt. Dieses errichten Sie in einer Ecke seines Aufenthaltsraumes, auf der Veranda oder auf dem Balkon. Beobachten Sie ihn in den ersten Tagen sehr sorgfältig. Sobald Sie merken, daß der Welpe zu winseln beginnt, verdächtig auf dem Boden herumschnüffelt oder sich lebhaft hin und her im Kreise dreht, eilen Sie hinzu und setzen ihn dorthin, wo er sein Geschäft verrichten soll. Loben Sie ihn, wenn es geklappt hat. Das nasse Papier ist schnell zusammengerollt und durch neues ersetzt. Außerhalb der Wohnung können Sie ein feuchtes Stückchen zurücklassen. Die

Abb. 29.
Pekingesenwelpe, weiß.

feine Nase des Welpen wird beim nächsten Mal diesen Duft aufnehmen und dieselbe Stelle benutzen. Bedenken Sie: wenn er sich trotzdem einmal vergißt, will er Sie nicht ärgern, sondern er hat nicht begriffen, wo sein „Geschäft“ zu machen ist. Vielleicht ist aber die Schuld auch bei Ihnen selbst zu suchen, indem Sie ihn zu lange sich selbst überlassen haben. Nun stupsen Sie ihn nicht etwa mit der Nase hinein, ein energisches „Pfui“, ein paarmal wiederholt, macht ihm sein Mißgeschick deutlich.

Für die Erziehung zur Stubenreinheit noch einige Grundregeln: Ein gesunder Welpe hat das Bedürfnis, sich nach dem Aufwachen, nach dem Fressen oder auch nach anstrengender körperlicher Bewegung zu lösen. Nach langer Nachtruhe sollten Sie also nicht bis nach dem Frühstück warten, um ihn an seinen Platz zu bringen. Auch kleine Kinder können nicht für unbegrenzte Zeit ihre Windeln sauber halten. Sobald Ihr Welpe an Halsband und Leine gewöhnt ist, bringen Sie ihn dazu, sein Geschäft außerhalb der Wohnung zu verrichten. Es versteht sich, im Rinnstein, denn sonst gibt es Ärger mit den Mitmenschen. Im übrigen haben ertappte Sünder mittlerweile mit empfindlichen Geldbußen zu rechnen. Da hilft auch eine Berufung auf die zu zahlende Hundesteuer nicht, denn derartige Belästigungen sind damit nicht von vornherein abgegolten. Schon nach einigen Tagen wird der junge Hund begriffen haben, wenn es zum „Gassigehen" hinausgeht. In regelmäßigen Abständen, nach denen Sie fast die Uhr stellen können, wird er sich nun bemerkbar machen. Am Beinchenheben Ihres männlichen Welpen erkennen Sie, daß er nun langsam in das mannbare Alter hineinwächst. Sein kleines Geschäftchen wird er jetzt nicht mehr auf einmal erledigen, sondern seine Duftmarken in wohldosierten Abständen an markanten Punkten verteilen.

Gewöhnung an Halsband und Leine

Ein Welpe, den Sie vom Züchter holen, ist in der Regel noch nicht an ein Halsband gewöhnt. Aber nichts leichter als das. Legen Sie ihm zunächst nur für einige Stunden am Tag ein nicht zu enges Leder- oder Kettenhalsband an. Es sollte so beschaffen sein, daß Sie es beim Spazierengehen „auf Zug" einstellen können, damit sich der Welpe nicht beim ersten schreckhaften Zurücksetzen daraus entwinden kann. Hat er sich daran gewöhnt, knipsen Sie eine kleine Lederleine daran und lassen sie zunächst einfach schleifen. Machen Sie ein Spiel daraus, wenn Sie die Leine aufnehmen und ihn sanft an sich heranziehen. Mit ein wenig Geduld, bei der Sie ruhig einmal nachgeben dürfen, wenn er partout in eine andere Richtung will, wird Ihr Hund bald leinengängig sein.

Das Kommando „Komm"

Unsere kleinen Asiaten sind weder Dienst- noch Gebrauchshunde, und so wollen wir uns die ganze Skala der üblichen Gehorsamsübungen ersparen. Doch das Kommando „Komm" oder „Hierher" kann für Ihren Hund unter Umständen lebensrettend sein. Verbinden Sie anfangs dieses Kommando unter Hinzufügung seines Rufnamens immer mit der Verabreichung eines Leckerbissens. So wird Ihr Hund nach einer Weile auch ohne Futter auf diesen Ruf reagieren. Unaufmerksa-

Abb. 30. Freundschaft unter zwei Exoten.

meren Gesellen kann man beikommen, wenn man ihnen zunächst Spielraum an einer längeren Leine gibt. Reagieren sie nicht auf das Kommando oder nur zögernd, ziehen Sie ihn mit sanfter Gewalt, unter stetigem „Komm", an sich heran. Auch hier sollten Sie natürlich nicht mit Lob sparen. Übungen, gleich welcher Art, sollten nicht länger als 10–15 Minuten am Tag dauern.

Der tägliche Spaziergang

Der Shih Tzu ist ein bewegungsfreudiger kleiner Geselle, dem es sichtliches Vergnügen bereitet, Sie auf langen Spaziergängen über Land zu begleiten. Es muß ja nicht unbedingt „über Stock und Stein" sein; denn dorniges Gestrüpp, Kletten u. a. hinterlassen ihre Spuren in seinem Haarkleid.
Welpen und Junghunde müssen – im wahrsten Sinne des Wortes „schrittweise" – an vermehrte Bewegung gewöhnt werden. Wird der Hund in einer Stadtwohnung gehalten, nimmt er auch mit dem täglichen Spaziergang im Park vorlieb. Ihr Hund wird überall dort glücklich sein, wo er mit Ihnen zusammen sein darf. Doch es gibt genügend Gründe, wo Sie ihn einmal zuhause lassen müssen. Auch das gehört zum Training, mit dem Sie im Welpenalter beginnen. Einen Hund treppauf, treppab bei einem Einkaufsbummel durch volle Kaufhäuser zu schleppen, bereitet weder ihm noch seinem Besitzer Vergnügen.
Beim Peking-Palasthund steht die Sache etwas anders: Er ist kein Begleithund und zu ausgedehnten Spaziergängen nicht geeignet. Ein geräumiger Balkon oder ein abgezäuntes Stückchen im Garten genügen ihm, sich spielend Bewegung zu verschaffen.

Die Pflege

Kämmen und Bürsten

Eine sorgfältige, regelmäßige Pflege des Haarkleides und der Haut ist notwendig, um die Haare zum Wachstum anzuregen und das Fell in gesunder Kondition zu halten.

Die meisten Züchter haben dabei ihre eigenen Methoden entwickelt. Während einige eine tägliche intensive Pflege mit Kamm und Bürste für unerläßlich halten, schwören andere darauf, dies nur von Zeit zu Zeit tun zu müssen. Beide scheinen dabei ein schönes Haarkleid bei ihren Hunden zu erzielen, so daß es allgemein gültige Regeln nicht unbedingt gibt. Die Gründe sind in der Verschiedenartigkeit der Fell- und Haarstrukturen der einzelnen Tiere zu suchen. Manche bedürfen des täglichen Kämmens; denn sie „produzieren" besonders viel, leicht sich verfilzende Unterwolle, anderen dagegen wird man durch zu häufiges Kämmen die charakteristische Doppelschichtigkeit des Haarkleides verderben, die bei beiden Rassen typisch ist.

Zur Grundausstattung Ihrer Pflegewerkzeuge gehören ein guter, nicht zu engzahniger Metallkamm, der keine scharfen Spitzen hat, möglichst mit Holzgriff, damit er fest in der Hand liegt (s. Abb. 31); dazu evtl. ein feiner Hornkamm zum Kämmen der Gesichtshaare und der langen Augenwimpern. Bürsten dürfen Sie nur mit einer Bürste aus möglichst langen Naturborsten (s. Abb. 32).

Nylon- oder Perlonbürsten, die z. T. innen mit Drahtzusatz versehen sind, sollten Sie keinesfalls gebrauchen. Diese Bürsten zerstören Haut und Haare Ihres Hundes. Für schwieriges, leicht verklettendes Haar ist auch ein sogenannter Fellentfilzungskamm zu halten (s. Abb. 33). Bewährt hat sich auch ein Pflegetisch mit festem Standort. Ihr Hund wird schnell lernen, daß dieser Ort und das Ritual der Pflege zu

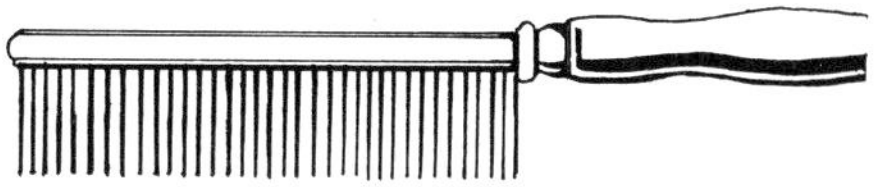

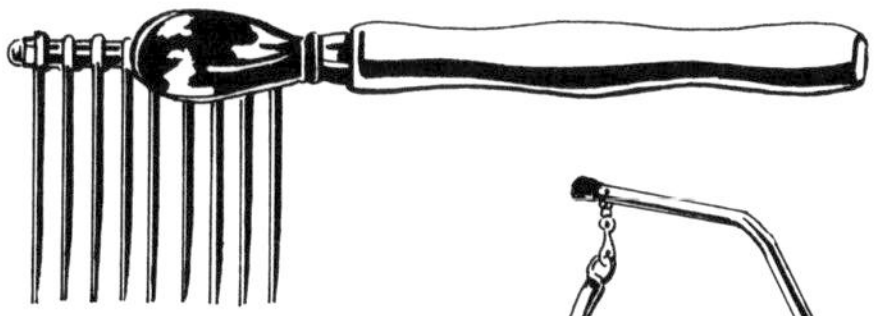

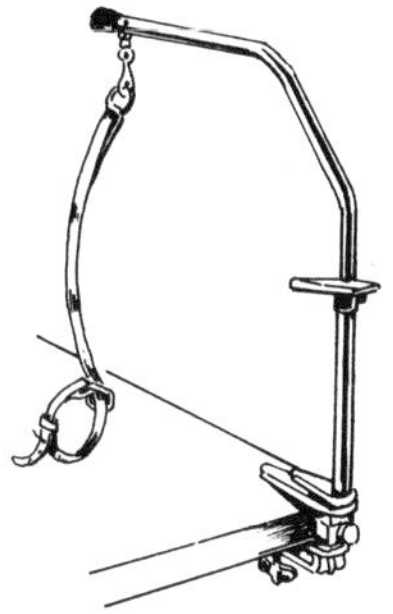

Abb. 31 (ganz oben). Metallkamm mit handlichem Holzgriff.
Abb. 32 (oben links). Bürste mit Naturborsten für die Fellpflege.
Abb. 33 (oben). Fellentfilzungskamm.
Abb. 34 (rechts). Mit solch einem „Galgen" hält man den Hund bei der Fellpflege sicher auf dem Tisch.

seinem Leben gehören. Für Hunde, die nur durch eine Leine an ihrem Platz gehalten werden können, besorgen Sie sich einen „Galgen", so wie ihn die Terrierleute zum Festbinden ihrer Hunde beim Trimmen benutzen (s. Abb.34).
Kämmen und Bürsten ist ein Teil der Erziehung Ihres Hundebabys. Zeigen Sie ihm, daß Kamm und Bürste nicht schmerzen, dann wird es bald stillhalten, wenn es gepflegt wird. Beginnen Sie mit dem Angewöhnen, indem Sie den Welpen auf Armeslänge vor sich hin auf den Tisch stellen. Der Tisch muß absolut feststehen und möglichst eine rauhe, rutschfeste Auflage haben. Nach einer Weile treten Sie zurück und betrachten den kleinen Kerl von allen Seiten. Loben Sie ihn, dann wird es ihm nach einiger Übung Freude machen, so dazustehen. Dann kämmen Sie ihn kräftig durch bis auf die Haut. Um seine Bauchhaare kämmen und bürsten zu können, legen Sie ihn sich zuerst in den Schoß und stützen Sie mit den Knien sein Hinterteil. Später können Sie den erwachsenen Hund auf seinem gewohnten Pflegetisch auf den Rücken legen und „bearbeiten". Besondere Vorsicht ist vor allem an den empfindlichen unteren Partien geboten; Verfilzungen und Haarknoten bereiten hier dem Hund beim Auskämmen große Pein.
Es gibt darüber hinaus einige Regeln, die Sie zur Erleichterung Ihrer Arbeit beachten sollten. Die Haare werden nie im trockenen Zustand gebürstet, sondern stets leicht angefeuchtet. Wer keine Haarlotion (für Hunde) zur Hand hat, kann auch klares Regenwasser benutzen, am besten mit Hilfe eines Zerstäubers aufzutragen. Trockenes Haar lädt sich sehr leicht elektrostatisch auf und ist spröde. Um dem Fell seine Elastizität zu erhalten und zu verhindern, daß die Spitzen der langen Haare brechen, benutzen Sie ein entsprechendes Haarpflegemittel für Hunde oder ein leichtes, nicht schmierendes Öl (wie z.B. Nerz- oder Mandelöl). Wöchentlich ein- bis zweimal tragen Sie hiervon etwas auf die Bürste auf und massieren es ins Haar ein.
Zur Pflege gehört eine gewisse Routine. Kämmen Sie zunächst das Fell des Hundes vorsichtig durch und achten Sie auf etwaige Verklettungen. Diese dürfen Sie nicht einfach mit dem Kamm herausreißen, denn dabei können Sie nicht nur viel Deckhaar zerstören, sondern Ihrem Hund auch unnötige Schmerzen bereiten. Zupfen Sie Haarkletten sorgfältig mit den Fingern auf, bevor Sie nachkämmen. Richtige „Nester" von verfilzten Haaren bilden sich häufig hinter den Ohren, unter dem Kinn, an den Innenläufen und Pfoten. Verfilzungen lösen sich leichter, wenn Sie vorher etwas Öl auftragen und einwirken lassen.

Die Pflege des Peking-Palasthundes

Beginnen Sie damit, den Hund auf den Rücken zu legen und arbeiten Sie sich, vom Kinn bis zu den Hinterläufen, Lage für Lage mit der Bürste durch. Die Krause unter dem Hals wird nach oben zum Gesicht hin gebürstet. Ein verschmutztes Fell wird

Abb.35. Ein Pekingese mit prachtvollem Haarkleid.

zunächst mit einem feuchten Tuch gut abgerieben, mit Talkum-Puder bestäubt und sodann mit einem Frotteetuch getrocknet. Jetzt wird es mit flinken Bürstenstrichen solange bearbeitet, bis jedes Haar einzeln zu stehen scheint. Anschließend legen Sie den Hund auf die Seite und bürsten, beginnend am Ende der Vorderläufe, wiederum Lage für Lage, das Haar bis zum Hals. Ebenso verfahren Sie vom Hinterlauf bis zum Rutenansatz.
Gebürstet wird mit schnellen, aber ganz leichten Strichen gegen den Haarfall, nicht nur „obenauf", sondern vom Haaransatz bis zu den Spitzen. Totes Haar oder Haarverknotungen müssen vorsichtig mit dem Kamm entfernt werden. Halten Sie dabei das Haar mit einer Hand am Ansatz fest, damit es nicht bricht. Kopf, Hals und Rückenpartien werden nunmehr in gleicher Weise beim stehenden Hund bearbei-

Abb. 36. Frisch gebürsteter Pekingese.

tet. Auch hier wird zunächst gegen den Haarfall, das heißt in Richtung des Kopfes gebürstet. Die Haare an den Backen und unterhalb der Ohren werden nach vorne in Richtung der Augen gebürstet. Mit der Zeit werden sie von selbst diese Richtung annehmen und in die Halskrause übergehend einen Rahmen bilden, der das Gesicht umfaßt. Auf diese Weise wird der Ausdruck der besonderen Breite und Schwere des Kopfes unterstrichen.
An den Ohren selbst wird das Haar gut nach unten gebürstet, möglichst mit einer sehr weichen Bürste, da diese Haare leicht brechen. Besondere Sorgfalt ist auf das Auskämmen der Befederung an den Ohren zu verwenden. Diese sollte nicht glatt herunter hängen, sondern geben Sie ihr mit einigen Bürstenstrichen einen leichten Effet, so daß die Spitzen keck abstehen. Die „Hosen" müssen gut ausgebürstet werden und zwar gerade herunter, in ihrem natürlichen Fall. Allgemein gilt: das Fell auf dem Rücken wird von der Taille zur Rute hin flach, und von der Taille zum Kopf hin, hoch gebürstet. Auf diese Art wird die Breite des Rippenkorbes besonders betont und eine löwenähnliche Körperform erzielt. Die langen Haare der Vor-

brust werden nach unten in ihrem natürlichen Fall erhalten, die starke Befederung der Läufe dagegen wird nach hinten gebürstet oder gekämmt. Arrangieren Sie die kürzeren Haare auf den Nasen- und Stirnfalten so, daß möglichst der tiefe Stop ausgefüllt ist. Das Haar auf der Schädeldecke sollte möglichst flach gehalten werden und mit dem Ohransatz auf einer Ebene liegen. Zum Abschluß nehmen Sie die Rute, bürsten und kämmen den Federbusch vorsichtig aus und legen ihn so über den Rücken, daß er wie ein seidener Fächer erscheint.

Wenn Sie Ihren Hund für eine Ausstellung besonders effektvoll herrichten wollen, verwenden Sie Talkum-Puder und eine besondere Haar-Lotion, die Sie in Fachgeschäften erhalten. Mit dieser wird das Fell, nachdem Sie es, wie oben beschrieben, gut vorbereitet haben, leicht angefeuchtet und bis zu den Haarwurzeln hin einmassiert. Dann arbeiten Sie das Talkum-Puder in das noch feuchte Haarkleid ein. Etwa eine halbe Stunde vor dem Richten wird es wieder ausgebürstet. Das ganze Haarkleid erhält hierdurch eine besondere Fülle. Die langen Tasthaare am Fang werden für Ausstellungen mit einer Rundschere entfernt (Abb. 45).

Baden sollten Sie Ihren Pekingesen nur, wenn es absolut nötig ist. Wasser und Seife entziehen dem Fell seinen Fettgehalt und machen es matt und leblos. Wenn Sie es mit einem Handtuch, angefeuchtet mit klarem Regenwasser, kräftig bearbeiten und anschließend gut durchbürsten, erzielen Sie in bezug auf seine Sauberkeit denselben Erfolg. Lediglich während des akuten Haarwechsels können Sie ihn in bestimmten Intervallen baden und durch tägliches Kämmen versuchen, das tote Haar schnell zu entfernen, damit sich das nachfolgende prächtig entwickeln kann.

Die Pflege des Shih Tzu

Der Standard beschreibt ein langes und dichtes, nicht lockiges Haarkleid mit guter Unterwolle. Richtige Ernährung, ausreichende Bewegung für die körperliche Kondition und sorgfältige Pflege können hierzu vieles beitragen, wenn auch letztlich die Beschaffenheit der Haare und ihr Längenwachstum abhängig sind von der körperlichen Veranlagung. Erfahrungsgemäß korrespondiert die Textur des Haares mit der Haarfarbe. Manchmal ist das Fell hart und frohwüchsiger, manchmal weich und langsam wachsend. Einige Felle sind glatt und fest, andere wiederum gewellt und fast lockig.

Ebenso wie das Deckhaar, kann auch die Unterwolle höchst unterschiedlicher Art sein. Es ist klar, daß jeder Typ einer besonderen Behandlung bedarf.

Zur routinemäßigen Pflege legen Sie den Shih Tzu zunächst auf den Rücken, damit Brust, Bauch und Innenläufe „bearbeitet" werden können. Dabei nehmen Sie sich Lage für Lage vor. Gebürstet und gekämmt wird jeweils vom Haaransatz bis zu den Spitzen und zwar stets in Richtung des natürlichen Haarfalles. Durch Arbeiten gegen den Strich würde zu viel Unterwolle verloren gehen. Den Kamm benutzen Sie,

Abb. 37–40. Shih Tzu-Welpe auf dem Pflegetisch. Auf dem letzten Bild geht es nicht mehr ohne „Galgen“.

um sicherzugehen, daß keine Haarverfilzungen zurückbleiben und daß alles abgestorbene Unterhaar entfernt wurde. Tun Sie das nicht, würde es bald zu dichten Matten verfilzen und nicht nur das nachwachsende Haar behindern, sondern auch ein Auskämmen mit der Zeit unmöglich machen.

Sind Sie mit dem unteren Teil des Körpers fertig, legen Sie den Hund auf die Seite und verfahren in der gleichen Weise. Dann stellen Sie den Hund auf den Tisch und ziehen ihm einen Scheitel vom Kopf bis zum Rutenansatz. Beidseitig des Scheitels wird das lange Haar nunmehr vorsichtig in langen Strichen abwärts gekämmt und gebürstet. Auch die Befederung der Rute wird gut ausgebürstet und über den Rücken gelegt. Zur Pflege des Kinn- und Backenbartes sowie der langen empfindlichen Wimpern der Augen, empfiehlt sich ein feinzinkiger Hornkamm. Es ist üblich, das lange, über die Augen fallende Stirnhaar zu einem Haarschopf zusammenzubinden und mit einem Gummiband zusammenzuhalten (s. Abb. 37–40). Kämmen Sie zu diesem Zweck das Haar von der Nase her nach oben; achten Sie aber darauf, aus den Nachbarregionen nicht zuviel Haare mit einzubeziehen. Außerdem darf der Schopf nicht zu stramm gebunden sein, da sonst die Augenpartie verzerrt wird.

Ist Ihnen trotz aller guten Vorsätze die Pflege Ihres Hundes einmal nicht zu Ihrer Zufriedenheit gelungen, und haben sich Matten gebildet, die sich auf normalem Wege nicht mehr lösen lassen, bleibt Ihnen nur der Griff zum Fellentfilzungskamm (Abb.33) oder, falls das nicht fruchtet, zur Schere, um die Verfilzungen zu lösen. Achten Sie darauf, nicht etwa parallel zum Rücken zu schneiden, sondern in Richtung des Haarfalles. So wird wenigstens nur ein Teil des Deckhaares zerstört.

Abb. 41. Die Mühe hat sich gelohnt – ein vorbildlich gepflegter Shih Tzu.

Das Hundebad

Das Fell unserer Hunde besitzt einen Fett- und Säuremantel als natürlichen Schutz gegen jede Art von Verschmutzung. Zerstören wir diese Imprägnierung durch zu häufiges Baden mit Seife oder anderen Essenzen, wird das Fell anfällig und verschmutzt hernach umso schneller. Es genügt nach Spaziergängen im Regen vollauf, Pfoten, Läufe und Bauchhaare mit klarem, warmem Wasser abzuspülen und anschließend gut trocken zu reiben. Zur Säuberung des Felles genügt eine Trokkenreinigung (z. B. mit Euformal®). Dieser Puder wird einfach in das Fell einmassiert und nach kurzer Einwirkungszeit gut ausgebürstet. Er wirkt nicht nur

schmutzabweisend, sondern vertreibt auch gleichzeitig alle eventuellen Schmarotzer im Fell. Manchmal läßt es sich allerdings nicht vermeiden, den Hund in die Wanne zu setzen, sei es, daß Sie ihn für eine Ausstellung besonders attraktiv erscheinen lassen wollen oder sei es, daß er sich einmal in Kot gewälzt hat.
Beim Baden sollten Sie folgende Regeln beachten:

1. Kämmen Sie das Fell vorher gründlich durch, damit das Haar seinen natürlichen Fall behält.
2. Das Badewasser – etwa 32–35° Grad warm – darf dem Hund höchstens bis zum Bauch reichen.
3. Benutzen Sie ein flüssiges, proteinhaltiges, rückfettendes Shampoo (z. B. Selvet®). Alle anderen Mittel sind ungeeignet, da sie die Haare zu sehr auslaugen und die Haut angreifen.
4. Der Hund wird gründlich eingeseift (mit Ausnahme des Kopfes, für den klares Wasser genügt). Achten Sie beim Auftragen des Waschmittels darauf, daß Sie die Haare nicht verwirren.
5. Lassen Sie die Lösung einwirken und spülen Sie dann das Fell mit warmem Wasser gut aus. Auch der letzte Rest des Mittels muß entfernt werden.
6. Ehe Sie Ihren Hund in ein Badetuch einwickeln und in ein warmes, zugfreies Zimmer bringen, geben Sie ihm Gelegenheit, sich gründlich zu schütteln. Beim Abfrottieren vermeiden Sie zu starkes Reiben, versuchen Sie vielmehr durch Andrücken des Tuches – wie mit einem Löschpapier – das Wasser zu entziehen. Anschließend wird der Hund gründlich gekämmt, dann bei gleichzeitigem Bürsten trockengefönt.
7. Damit der frischgebadete Hund sich nicht erkältet, behalten Sie ihn einige Stunden im Haus.

Die Pflege der Ohren

Langhaarige Hunde mit Hängeohren neigen zu Entzündungen des äußeren Gehörganges. Vorbeugend ist eine sorgfältige Pflege vonnöten. So muß insbesondere bei starker Durchnässung (Regen, Schnee, Bad) der äußere Gehörgang gut abgetrocknet werden. Einmal wöchentlich sollten die Ohrmuscheln mit einem Läppchen oder Wattestäbchen gereinigt werden, das man in ein mildes Öl (z. B. Nivea Kinderöl o. ä.) getaucht hat, um damit Staubteilchen zu entfernen. Es empfiehlt sich, die Haare aus der Ohrtrompete zu entfernen. Austretende Ohrensekrete könnten sonst sehr leicht mit den im Ohrkanal wachsenden Haaren klebrige Haarverknotungen bilden und den Gehörgang verstopfen. Die Folge vernachlässigter Ohren ist sehr häufig eine Gehörgangsentzündung. Man zieht die meist abgestor-

benen Haare am besten mit den Fingern oder, wenn sie tiefer sitzen, mit einer vorn abgerundeten Pinzette heraus. Erkrankte Ohren fühlen sich heiß an, die Ohrmuschel ist gerötet. Der Hund wird eine Erkrankung des äußeren Gehörganges zunächst durch häufiges Kopfschütteln und Kratzen an den Ohren kundtun. Beim Massieren der Ohrmuschel ist im fortgeschrittenen Stadium der Entzündung eine Art glucksendes Geräusch zu hören – Anzeichen einer Sekretansammlung im Inneren des Ohres. Später folgt dann eine eigenartige Schiefhaltung des Kopfes. Eine beginnende Infektion erkennen Sie zumeist auch am starken Geruch, der dem Ohr entströmt. Erkrankte Ohren gehören unverzüglich in die Behandlung eines Fachmannes, denn verschleppte Erkrankungen des äußeren Gehörganges können von sehr langwieriger Heilungsdauer sein oder bedürfen gar des operativen Eingriffes zur endgültigen Heilung.
Erkrankungen der Ohren können auch von einer Milbe herrühren, der sogenannten Ohrmilbe oder Ohrräude. Diese Milbe sticht die Haut des äußeren Gehörganges an und saugt sich mit den Körpersäften voll. Der Stich dieser Milbe führt zu starken Hautreizungen mit allen oben beschriebenen Folgeerscheinungen.

Die Pflege der Zähne

Bei der Form des Gebisses – nämlich Vorbiß – mit teilweise mangelhaftem oder ausbleibendem Zahnschluß, ist den Zähnen besondere Aufmerksamkeit zu widmen. Bei der normalerweise üblichen Fütterung von zerstückelter oder breiiger Kost werden die Zähne kaum in Anspruch genommen. Dadurch bildet sich sehr leicht Zahnstein, der, je nach Ausmaß, zu Entzündungen des Zahnfleisches, der Mundschleimhaut und später zur Lockerung bzw. zum Verlust der Zähne führt. Eine Krankheit, die wir auch beim menschlichen Gebiß als *Parodontose* bezeichnen. Zur wöchentlichen Routine gehören deshalb Kontrolle und Pflege des Gebisses. Zahnbelag, anfangs ein gelber, schleimiger Überzug, läßt sich mit Hilfe einer 3%igen Wasserstoffsuperoxid-Lösung beseitigen. Im fortgeschrittenen Stadium hilft nur noch der Schaber des Tierarztes. Lose und vereiterte Zähne müssen gezogen werden. Ebenso die Milchhakenzähne (Eckzähne), die zu Zeiten des Zahnwechsels schon mal im Kiefer sitzen bleiben.

Abb. 42. Die Doppelschichtigkeit des Haarkleides ist für beide Rassen charakteristisch.

Die Pflege der Augen

Täglich sind die Augen auf etwa vorhandenen Ausfluß hin zu untersuchen. Solange er wässerig und klar ist, genügt das Auswaschen mit einem in lauwarmes Wasser getauchtes Papiertaschentuch. So vermeidet man übelriechende Haarverkrustungen oder, bei hellhaarigen Hunden, unschöne braune Tränenspuren. Besondere Sorgfalt ist beim Pekingesen geboten. Feuchtigkeit jeder Art, die sich in den tiefen Nasen- und Stirnfalten sammelt, führt zu Ekzemen. Diese Partien unter den Augen müssen stets trocken gehalten werden. Deshalb müssen nach dem Auswaschen die entsprechenden Stellen mit einem Papiertaschentuch abgetrocknet werden.

Die Pflege von Pfoten und Krallen

Teppichböden in der Wohnung und gelegentliche Spaziergänge auf harten Pflastersteinen reichen nicht aus, die Krallen kurz zu halten. Lange, krummgewachsene Zehennägel behindern den Hund beim Laufen und verursachen ihm Schmerzen. Die Krallen müssen daher von Zeit zu Zeit gestutzt werden. Auch die Daumenkrallen, die etwas höher stehen, sollten gelegentlich kontrolliert werden. Wenn sie zu lang sind, wachsen sie im Bogen weiter und verfilzen sich mit den Haaren. Zum

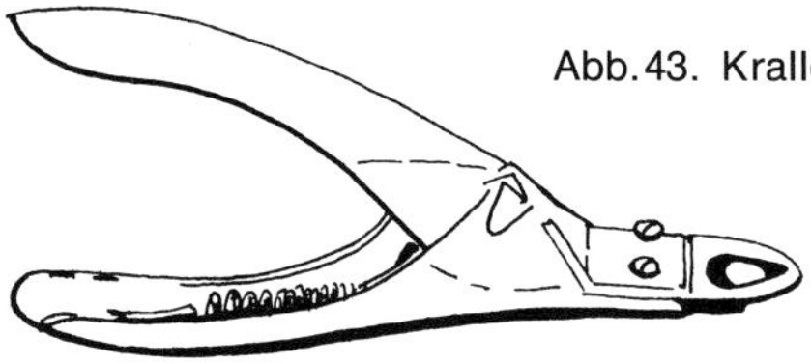

Abb. 43. Krallenzange.

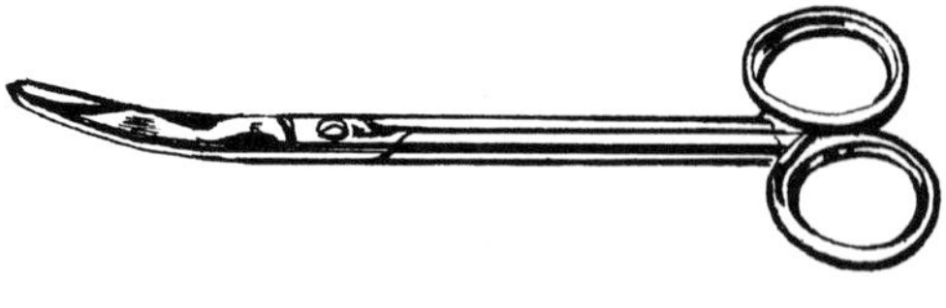

Abb. 44. Schere mit aufgebogener Spitze.

Abb. 45. Vorderpfote, von der Sohlenfläche aus gesehen.

Abb. 46. Vollendet gepflegt.

Schneiden eignet sich am besten eine Spezialzange – erhältlich in Fachgeschäften (Abb. 43). Bei helleren Krallen ist das Schneiden keine Schwierigkeit. Sie trennen sie bis kurz vor dem durchbluteten Teil ab. Zum Kürzen dunklerer Krallen bedarf es einiger Erfahrung, da man nicht sehen kann, wie weit die rot durchblutete Nagelhaut geht. Hier gehört evtl. die Erfahrung eines Fachmannes dazu; denn Schnitte in die Nagelhaut sind sehr schmerzhaft und entzünden sich leicht.
Die Haare zwischen Ballen und Zehen sollten möglichst kurz gehalten werden. Der Ballen muß frei liegen (Abb. 45). Wuchernde Haare würden sich hier sonst mit Schmutz verfilzen und schmerzhafte Knötchen bilden. Soweit sich Schmutzklümpchen gebildet haben und nicht mit lauwarmem Wasser zu entfernen sind, werden sie mit einer Schere herausgeschnitten (aufgebogene Spitze, beide Schenkel abgestumpft; Abb. 44). Teerverklebungen an den Pfoten lassen sich im übrigen leicht mit Pflanzenfetten auflösen.

Die Ernährung

Unsere Hunde gehören ihrer Herkunft nach zu den Fleischfressern. Ihr Organismus ist der Lebensweise in der freien Natur angepaßt. In ihrer Beute – pflanzenfressende Tiere und kleine Nagetiere – fanden ihre Ahnen eine hochkonzentrierte Nahrung, die außer Muskelfleisch und Innereien auch die zur Verdauung notwendigen Ballaststoffe enthielt. Dazu tranken sie klares Wasser und suchten sich nach Bedarf bestimmte Gräser und Baumrinden. War der Gabentisch der Natur einmal nicht so reichhaltig, mußten sie fasten oder sich mit Aas begnügen. Solch eine natürliche Lebensweise können wir unseren Vierbeinern nicht mehr bieten. Dennoch müssen wir für eine artgerechte Ernährung Sorge tragen. Es genügt nicht, einen Hund allein mit Muskelfleisch ernähren zu wollen. Ein Leckermaul verleitet seinen Besitzer leicht zu diesem Fehler und lehnt, verwöhnt durch mageres Beafsteakhack und zartes Geflügelfleisch, bald jede andere Nahrung ab. Um so größer ist dann oft Erschrecken und Ekel, wenn dieser kleine Bursche jede Gelegenheit benutzt, um Aas und Kot zu fressen – zweifellos Anzeichen einer bösen Mangelerscheinung. Die Erfahrung lehrt, daß Fette, anteilmäßig zwar in geringer Menge, für die Ernährung des Hundes lebensnotwendig sind. Ähnlich verhält es sich mit den Kohlehydraten. Als Energiespender sind sie für die Ernährung unerläßlich; zu große Mengen können zur Verfettung und den damit verbundenen Krankheiten führen. Zu einer ausgewogenen Hundenahrung gehören daneben Wirkstoffe, also Mineralstoffe, Spurenelemente und Vitamine.

Eiweiß oder Proteine sind der wichtigste Bestandteil dieser Ernährung. Sie treten sowohl in tierischer als auch in pflanzlicher Art auf. Fleisch, das neben Geschmackstoffen auch Salze und Vitamine enthält, wird am besten in rohem Zustand gefüttert. Eine zu hochwertige, d. h. ausnahmslos fleischhaltige Kost, hat jedoch einen Säureüberschuß zur Folge, der vom Organismus nicht mehr ausreichend neutralisiert werden kann. In dem natürlichen Drang, diesen Säureüberschuß abzubauen, werden Hunde leicht zu Kot- oder Aasfressern. Ist dies der Fall, muß sofort neben Fleisch auch Gemüse (vor allem Karotten), Milch und anfangs auch Natriumbikarbonat zugefüttert werden. Auch ein „stinkender" Käse hilft hier als Basenbildner.

Wertvolle Mineralsalze gehen durch Kochen verloren, ebenso ein großer Teil an Vitaminen. Allerdings wird rohes Fleisch etwas schlechter verdaut als hitzebehandeltes. Geeignet sind alle Sorten vom Rind, Kalb, Schaf, Wild und Geflügel. Nicht ganz so hochwertig sind Innereien wie Herz, Leber, Nieren usw. und vor allem die für Hunde gern genommenen Schlachtabfälle wie Schlund, Pansen, Lab- und Blättermagen. Milz hat eine stark abführende Wirkung und gehört nicht in die Hundenahrung. Leber ist sehr vitaminreich. Roh und in größeren Mengen gefüttert, erzeugt jedoch auch sie Durchfall. Lunge (nur gekocht) hat zwar wenig Nährstoffgehalt, kann aber bei Hunden, die zum Dickwerden neigen, auf den Diät-Speisezettel gesetzt werden. Zur Bereicherung des Eiweißangebotes sind Geflügelklein und Hasenpfeffer gut geeignet. Beim Geflügel müssen allerdings die starken Röhrenknochen entfernt werden. Die zarten Hälse oder Knochen junger Hähnchen können dagegen, wenn sie gekocht sind, gefahrlos verfüttert werden. Fisch, entgrätet, ist ein leicht verdauliches Eiweißfutter, sollte jedoch nicht zu oft gefüttert werden. Er darf daneben nicht roh, sondern in leicht gedämpftem Zustand gefüttert werden.

Auch Ölsardinen eignen sich hier besonders. Bücklingsköpfe, Fischgräten oder Salzheringe gehören dagegen nicht in den Futternapf. Eier sind nahrhaft und vitaminreich. Allerdings muß bei rohen Eiern das Eiweiß entfernt werden. Es wird vom Körper des Hundes nicht aufgeschlossen und führt zu Verdauungsstörungen und nicht selten zu Hauterkrankungen. Das gleiche gilt für Milch, die für Hunde kein Getränk, sondern ein Nahrungsmittel ist. Erwachsene Hunde vertragen Milch oft nicht mehr. Der für die Hunde zu hohe Anteil an Milchzucker hält den Darminhalt zu weich und verursacht Durchfall. Für Welpen und junge Hunde gehört die Milch dagegen zu den lebensnotwendigen Nährstoffen. Sie muß dann, um sie der Milch der Mutterhündin anzugleichen, zusätzlich mit Sahne und Eiweiß angereichert werden. Für mutterlos aufzuziehende Welpen hält der Handel sehr gute Trockenmilchpräparate bereit, die speziell auf diese Bedürfnisse abgestellt sind. Sahne- oder Magerquark ist eine hochwertige, bekömmliche Nahrung, vorausgesetzt der Quarkgeschmack sagt Ihrem Hund zu. An letzter Stelle dieser Eiweißträger steht pflanzliches Eiweiß.

Kohlehydrate sind Energiespender und Substanzen, die zum Zucker in naher Beziehung stehen. Neben Fleisch darf das pflanzliche Grundfutter mit seinem Gehalt an Kohlehydraten und unverdaulicher Zellulose als Ballaststoff nie fehlen. Da unsere Kleinhunde keine ausgesprochenen Bewegungshunde sind, sollte der Anteil von Kohlehydraten im Futter nicht mehr als 40% ausmachen. Kohlehydratträger bieten sich an in pflanzlichen Produkten wie Reis, Hirse, Getreideflocken, Mehl, Weizenkleie u.a. Damit der Hundemagen sie verdauen kann, müssen sie durch Kochen oder Rösten aufgeschlossen werden. Einfacher ist die Verfütterung von Hundeflocken, eine Mischung getoasteter Zerealien (Getreide, Feldfrüchte, Getreideflocken), die, mit Beimengungen versehen, den Hunden erfahrungsgemäß gut bekommen. Weizenkleie, im rohen Zustand unter die Fleischmahlzeit verteilt, hat einen hohen Anteil an Mineralien und bildet einen ausgezeichneten Ballaststoff wegen ihres hohen Zellulosegehalts. Um stets einen festen Kot zu erzielen und Verunreinigungen des langen Fellkleides beim Kotabsetzen zu vermeiden, sollte auf diese Beigabe nicht verzichtet werden. Ein Teil der pflanzlichen Nahrung kann aus Gemüse bestehen. Auch hier gilt wieder, daß der Hund nur Nutzen davon zieht, wenn es vorher durch Dünsten aufgeschlossen wurde. Ausnahmsweise können hier einmal Gemüsereste vom Mittagstisch unter das Futter gemischt werden. Kartoffeln und Hülsenfrüchte sind für den Hund schwer verdaulich und gehören nicht in das Futter. Ebenso verhält es sich mit jeder Art von Leckerbissen, die aus falsch verstandener Hundeliebe in Form von Zuckerstücken, Schokoladen oder Keksen leider allzuoft verabreicht werden und zur Fettsucht mit allen ihren krankhaften Nebenerscheinungen führen.

Fette sind als gesättigte Fettsäuren aus den tierischen Fetten die Hauptenergiespender. Ihr Anteil an der Nahrung sollte jedoch 5% nicht übersteigen. Als ungesättigte, essentielle (lebenswichtige) Fette sind sie unentbehrliche Bestandteile der Nahrung zur Aufrechterhaltung der Körperfunktionen. Hauterkrankungen und Störungen im Haarwuchs lassen sich nicht selten bereits durch zusätzliche Gaben von essentiellen Fettsäuren, enthalten im Weizen-, Maiskeimöl und anderen Ölen sowie in Leinsamen, beheben.

Mineralstoffe: Calzium, Phosphor, Magnesium, Kalium, Natrium und Chlorid sind nicht nur für den Knochenaufbau erforderlich, sondern ebenfalls wie die unentbehrlichen *Spurenelemente* Eisen, Kupfer, Selen, Mangan, Zink, Jod und Fluor an vielen Stoffwechselvorgängen beteiligt. Zwar sind diese Bestandteile, wie auch die Fettsäuren, in einer abwechslungsreichen Kost enthalten, doch ist der Bedarf hiernach bei jungen Hunden, tragenden oder säugenden Hündinnen enorm groß, so daß man nicht darauf verzichten sollte, regelmäßig ein entsprechendes, im Handel erhältliches Präparat dem Futter beizumischen. Bei den Mineralstoffen ist vor allem die Calzium-Phosphorkomponente von entscheidender Bedeutung, wird doch das Knochengerüst überwiegend aus diesen Mineralien gebildet. Ein optimales Calzium-Phosphor-Verhältnis beträgt etwa 1,2–1,5:1. Im Grundnahrungsmittel Fleisch besteht, mit Ausnahme der Milch, ein Überangebot von Phosphor. Dies führt oftmals zu einem argen Mißverhältnis im Bedarf eines Tieres. Zusätzliche Gaben von Kalk (z.B. Calcium carbonicum) helfen hier.

Vitamine und *Spurenelemente* hängen in ihrer Wirkung eng zusammen. Sie sind die Steuerungsfaktoren in den Funktionen des Körpers. Somit werden von ihnen unmittelbar die Gesundheit des Organismus, Wachstum, Fortpflanzung, Milchproduktion, Gewicht usw. beeinflußt.

Wir unterscheiden eine fettlösliche Gruppe mit den Vitaminen A, D, E und K und eine wasserlösliche Gruppe, die in der Hauptsache aus den Vitaminen des B-Komplexes und des Vitamins C besteht. Unsere Hunde vermögen einen Teil dieser Vitamine durch Mikroorganismen im Darm zu synthetisieren und durch die Darmwand aufzunehmen. Dies gilt u.a. für das lebenswichtige Vitamin C, für das es keiner zusätzlichen Gaben im Futter bedarf. Die Teilnahme von Vitaminen und Spurenelementen an den Stoffwechselvorgängen ist von sehr komplexer Art. So wirkt

Abb. 47. Ein schönes Fell setzt eine gesunde Ernährung voraus.

Vitamin A, um ein Beispiel zu nennen, nicht nur in bezug auf die Sehkraft, sondern ist beteiligt an allen Vorgängen, die das gefäßreiche Gewebe der Haut und der inneren Hohlräume des Hundes (Verdauungsapparat, Rachen, Nase etc.) betreffen. Außerdem beeinflußt Vitamin A das Wachstum, die Entwicklung des Skeletts und der Zähne.

Da diese Stoffe lediglich als Katalysatoren wirken, d.h. als Substanzen, die an chemischen Reaktionen beteiligt sind, ohne selbst eine Veränderung zu erfahren, ist die Menge, die in der Nahrung enthalten sein muß, äußerst gering. Ein ausgewogenes Futter deckt in der Regel den Bedarf. Zusätzliche Gaben, von einem gutmeinenden Hundebesitzer verabreicht, können zu gesundheitlichen Störungen in Folge einer *Hypervitaminose* führen. Dies gilt insbesondere bei den fettlöslichen, sich speichernden Vitaminen A und D. Letzteres wird vor allem in den Sommermonaten unter der Einwirkung der ultravioletten Strahlen der Sonne aus seinen Vorstufen im Körper des Hundes entwickelt. Sollten sich zusätzliche Gaben von Vitaminen für notwendig erweisen, achte man unbedingt auf die in den Gebrauchsanweisungen angegebene Dosierung bzw. frage den Tierarzt. Mängel lassen sich ursächlich oft bereits durch eine Änderung der Ernährung beheben.

Die tägliche Fütterung

Die Ernährung des Welpen ist Sache des Züchters. Nach dem Kauf ist es angebracht – ehe der Junghund auf die jeweils gegebenen häuslichen Verhältnisse eingestellt wird – zunächst seine gewohnten Mahlzeiten beizubehalten. Ein ernsthafter Züchter ist bestrebt, seinen Welpen die Umstellung so leicht wie möglich zu machen und wird Ihnen gerne einen „Magenfahrplan" mitliefern. Der Junghund wird etwa drei- bis viermal am Tage gefüttert. Hierbei lernt er, der immer Hunger hat, sich an regelmäßige Mahlzeiten zu gewöhnen. Kleinere Portionen, über den Tag verteilt, sind außerdem bekömmlicher. Ab dem 6. Monat genügen zwei gleich große Mahlzeiten. In diesem Alter verträgt er bereits dasselbe Futter wie ein erwachsener Hund. Es ist zweckmäßig, dem Junghund die Nahrung nur im Futternapf zu reichen und das Füttern aus der Hand zu vermeiden, mit Ausnahme des Hundekuchens, den man nebenbei geben kann.

Für unsere kurznasigen Asiaten verwende man stets ein flaches Gefäß. Futter, das nach etwa 15 Minuten noch nicht gefressen ist, nehmen wir weg. Denn die Reste können sauer werden oder Fliegen anziehen. Nötigenfalls kann man dann die nächste Mahlzeit etwas knapper bemessen. Nachlassender Appetit bei sonstigem Normalverhalten kann ein Anzeichen dafür sein, daß der Hund erwachsen ist und folglich weniger Nahrung braucht. Seine Mahlzeiten werden jetzt bis auf eine pro

Abb. 48. Ob jung oder alt, zum Spielen sind sie immer aufgelegt.

Tag reduziert. Diese Tagesmahlzeit sollte am besten zu Mittag gegeben werden. So kann der Hund die zuviel aufgenommene Flüssigkeit leicht bis zum Abend ausscheiden und den wertvollen Teil der Nahrung während der Nacht verdauen.
Auch der erwachsene Hund ist nicht als Allesfresser, sondern als Fleischfresser zu betrachten. Das Verhältnis von Fleischprodukten und Beifutter sollte etwa 2:1 sein. Über die Gesamtmenge an Futter, die ein gesunder Hund benötigt, lassen sich kaum genaue Angaben machen. Wie beim Menschen, ist der individuelle Bedarf von Hund zu Hund verschieden. Der Besitzer eines Einzelhundes tut gerne des Guten zuviel. Ihm sei gesagt, daß ein gesunder Hund von Natur aus bis zur Hälfte mehr frißt, als er benötigt. Es wäre zuviel verlangt, Herz, Muskelfleisch, rohen Pansen, Futterflocken und rohe Möhren täglich auf die Diätwaage zu legen. Man verlasse

sich hier auf sein Fingerspitzengefühl oder setze seinen Hund, dessen Gewichtsangaben in ihren Grenzen im Standard festgelegt sind, öfter einmal auf die Waage. Das Gewicht, das er im Alter von 1½ Jahren erreicht hat, kann in etwa als Richtschnur für die Ernährung seines ganzen Lebens gelten.
Weniger Sorgen um eine ausgewogene Ernährung muß man sich machen, wenn der Hund Fertigfutter akzeptiert. Hierauf stellt er sich am besten ein, wenn er von Jugend an daran gewöhnt wird.

Fertigfutter

In zunehmendem Maße beschäftigt sich heute die Industrie mit der Hundeernährung und bietet in vielfältiger Auswahl Fertigfutter in ausgewogener Zusammensetzung an, angereichert mit Mineralien und Vitaminen. Bei diesem Futter unterscheidet man zwischen Fleischnahrung (Muskelfleisch und Innereien) und Vollnahrung (dem Fleisch sind Zerealien beigegeben). Beide Arten werden entweder als Dosennahrung, Softfutter (halbfeuchtes Futter) oder Trockennahrung angeboten. In der Dosennahrung sind etwa 75% der natürlichen Feuchtigkeit von Fleisch und Pflanzen enthalten. Trockennahrung, mit einem Feuchtigkeitsgehalt von 10%, ist im Verhältnis zu ihrem Volumen wesentlich konzentrierter und damit kalorienhaltiger. Sowohl beim Soft- als auch beim Trockenfutter muß dem Hund das im Produktionsprozeß entzogene Wasser durch Trinken wieder zugeführt werden. Hundebesitzern, die mit ihrem Tier verreisen, ist diese Fütterungsart zu empfehlen. Doch sollte ein Hund nicht ausschließlich mit Konserven gefüttert werden, da durch die Hitzesterilisation ein Teil der Vitamine geschädigt wird (gute Fertigfuttermittel werden heutzutage zusätzlich vitaminisiert). Beim älteren Hund führt Trockennahrung zu Nierenbelastung.
Hundekuchen, aus einer Mischung von pflanzlichen und tierischen Mehlen hergestellt und mit Mineralzusätzen versehen, sollten als Zusatznahrung auf keinem Speiseplan fehlen. Neben dem guten Nährstoffangebot leisten sie vorzügliche Dienste bei der Pflege des Gebisses.

Wasser

Ihr Hund muß stets Zugang zu frischem, sauberem Trinkwasser haben. Das Wasser spielt für die Gesundheit des Hundes eine große Rolle und ist die Basis der chemischen Vorgänge. Der Bedarf an Wasser ist um so höher, je mehr Trockenfutter verabreicht wird; auch wird ein Hund bei Hitze mehr trinken als bei Kälte.

Der übergewichtige Hund

Jeder Hundehalter hat die Pflicht, für ein möglichst beschwerdefreies Leben seines Schützlings zu sorgen. Doch viele Menschen, die ihren Hund besonders zu lieben glauben, wissen nicht, daß sie durch ständige Überfütterung und Bewegungsarmut „Dickmöpse" heranziehen.
Gesundheitliche Störungen wie erhöhter Blutdruck, Zuckerkrankheit, Funktionsstörungen von Magen, Darm, Niere und Leber können ein Hundeleben erheblich verkürzen. „Von rund 3 Millionen Hunden in der Bundesrepublik", so wurde festgestellt, „ist jeder dritte das Opfer von Wurstscheiben, Fetträndern und anderen gutgemeinten Tischresten". Der erste Schritt, um solche Überernährung zu vermeiden, beginnt mit der strikten Selbstdisziplin des Besitzers, jedem Bettelblick zu widerstehen und seinem Hund auch nicht den kleinsten Bissen neben seinem normalen Futter zu bewilligen. Es ist zwar niedlich, wenn solch ein kleiner Kerl neben dem gedeckten Tisch ein „Dauermännchen" macht, aber Hunde, denen man auf diese Weise keine Beachtung schenkt, werden sich sehr schnell damit abfinden, daß ihre Bemühungen keinen Erfolg haben.
Was tun, wenn Ihr Hund doch einmal „Wohlstandsspeck" angesetzt hat? Gewaltkuren haben keinen Sinn. Reduzieren Sie das Futter um 10–15%. Erhöhen Sie den Eiweißanteil an magerem Fleisch, Lunge und Magerquark und reduzieren Sie die Kohlehydrate. Auch ein Fastentag pro Woche ist durchaus natürlich und entspricht einer menschlichen Hungerpause von vier Stunden. Besser als eine Null-Diät wirkt überdies zur Entschlackung des Organismus und Steigerung des Stoffwechsels Sauermilch mit Weißbrot oder Hundekuchen. Ansonsten können Sie sich auch vom Tierarzt ein Diätprogramm zusammenstellen lassen.

Krankheiten

Erschrecken Sie nicht, wenn Sie eines der zahlreichen Bücher zur Hand nehmen, die sich mit diesem Thema beschäftigen, und werden Sie in bezug auf Ihren Hund nicht zum Hypochonder, wenn Sie die möglichen Krankheiten in Betracht ziehen, die Ihren Hund befallen könnten. Seien Sie versichert: die Mehrzahl der Hunde wird selten krank. Jeder Hund fühlt sich einmal freßunlustig, müde und träge und möchte nichts anderes, als faul herumliegen. Gibt es wirklich einmal Anlaß zur Besorgnis, laborieren Sie nicht lange mit Hausmittelchen herum, sondern bedenken Sie, daß in diesem Falle der Tierarzt der beste Freund Ihres Hundes ist. Nach dem Motto „vorbeugen ist besser als heilen", kann jeder Hundehalter an der Gesunderhaltung seines Tieres mitwirken. Ein gesunder Hund entwickelt natürliche Abwehrkräfte gegen Krankheiten. Wird er dennoch einmal davon befallen, sind seine Heilungsaussichten um so größer, je besser seine körperliche Kondition ist. Eine ausgewogene Ernährung, bei der Ihr Hund weder überfüttert, noch zu mager ist, regelmäßige Bewegung in frischer Luft, sorgfältige Pflege, Unterbringung in Räumen, die frei sind von Zugluft und extremen Temperaturschwankungen, sind u. a. wesentliche Voraussetzungen hierfür.

Es gibt darüber hinaus einige Krankheitsdispositionen, mit denen sich der Besitzer einer zwergwüchsigen Rasse, die durch Verkürzung der langen Röhrenknochen und der Gesichtsknochen entstanden ist, vertraut machen sollte.

Ernsthafte Erkrankungen zeigen sich in der Regel durch veränderte Körpertemperaturen, die bei normalen Verhältnissen etwa zwischen 38,0–38,8° Celsius liegen. Erhöhte Temperaturen (39,2–39,7 °C) sind vielfach Zeichen einer schlummernden Infektion oder chronisch-schleichender Erkrankungen. Hohe Temperaturen (ab 40,2 °C) deuten auf eine frische Infektion oder eine akute Organ-Entzündung hin. Auch Untertemperaturen (unter 38 °C) sind, mit Ausnahme bei einer bevorstehenden Geburt, stets bedenklich. Bei gestörtem Wohlbefinden messen Sie zunächst einmal – auch im Sinne der Unterstützung des Tierarztes – die Temperatur des Hundes. Diese wird im After gemessen mit Hilfe eines Fieberthermometers (für Kinder), das bis zur halben Länge eingeführt und dort etwa 3 Minuten lang gehalten wird. Zum besseren Gleiten wird die Spitze des Thermometers mit Vaseline oder Öl eingefettet. Für die Erkennung einer Krankheit ist die Nase des Hundes – entgegen weitverbreiteter Meinung – kein brauchbarer Anzeiger. Sie kann auch bei einem gesunden Hund bisweilen warm und trocken, bei schwerer Erkrankung dagegen feucht und kalt sein.

Durch vorbeugende Impfungen im Welpenalter und rechtzeitig wiederholte Auffrischungsimpfungen des erwachsenen Hundes haben Infektionskrankheiten weitgehend ihren Schrecken verloren. Zu diesen lebensbedrohlichen Erkrankungen zählen vor allem als Virusinfektion die *Staupe* und die *ansteckende Leberentzündung* (Hepatitis) sowie vielerorts eine durch Leptospiren von Hund zu Hund übertragene Infektion, bekannt als *Stuttgarter Hundeseuche.*

Welpen sind im allgemeinen gegen diese Infektionskrankheiten durch die ihnen mit der Muttermilch übertragenen Antikörper geschützt. D.h. eine Hündin, die wirksam geimpft wurde, bildet selbst entsprechende Schutzstoffe (Antikörper). Diese passiv übertragenen Antikörper verlassen den Körper des Welpen bis zu seinem Alter von ca. 9–12 Wochen. Man kann diese Immunität durch einen „passiven" Serumschutz (z. B. Stagloban) für 2–3 Wochen verlängern, um dann den Welpen mit einer kombinierten „aktiven" Impfung (SHL) im Alter von etwa 12 Wochen zu impfen. Durch diese aktive Impfung wird der Organismus angeregt, selbst Antikörper zu bilden. Nach 2–3 Wochen muß dann lediglich eine Wiederholungsimpfung gegen *Leptospirose* erfolgen. Wie lange eine belastungsfähige Immunität besteht, geht aus dem Impfpaß hervor. Aktivimpfungen, die bereits vor der 9. Lebenswoche vorgenommen wurden, müssen nach der 12. Lebenswoche wiederholt werden, da die Antikörper einen Teil dieses Aktivimpfstoffes neutralisieren. Impfungen können sich nur dann voll auswirken, wenn die zu impfenden Hunde gesund und entwurmt sind.

Tollwut (Rabies) ist eine Virusinfektion, die durch alle Säugetiere und Vögel übertragen werden kann und zum Tode des befallenen Tieres führt. Übertragen wird sie durch den Speichel eines erkrankten Tieres, wenn dieser in eine Hautverletzung eindringt. Diese Infektion kann auch für den Menschen tödlich sein, wenn nicht unmittelbar Hilfe eines Arztes in Anspruch genommen wird. Es ist daher ratsam, seinen vierbeinigen Hausgenossen vorbeugend impfen zu lassen.

In dem Bestreben, sich gegen die Ausbreitung dieser Seuche zu schützen, haben alle Länder für den internationalen Reiseverkehr Bestimmungen erlassen, die den Nachweis einer erfolgten Schutzimpfung gegen Tollwut für mitgeführte Hunde verlangen.

Wohl zu den am häufigsten auftretenden Hautkrankheiten des Hundes sind die *Ekzeme* zu nennen. Man versteht hierunter eine meist rasch entstehende, vielfach chronisch werdende Entzündung der oberen Hautschichten. Je nach Verlauf und Dauer können auch tiefer liegende Hautschichten erfaßt werden. Gründe für die Entstehung von Ekzemen gibt es mehrere: Vorwiegend führen wohl äußere Einflüsse dazu, zum Beispiel eine anhaltende Verschmutzung des Haarkleides und der Haut, Verletzungen durch zu rauhe Bürsten, Parasitenbisse (Flöhe), anhaltendes Kratzen bei Läusebefall usw. Längere Zeit einwirkende Feuchtigkeit weicht die Haut auf (z. B. Lecken), ungeeignete Bademittel u. a. chemische Mittel schädigen die äußersten Hautschichten und begünstigen das Eindringen von Spaltpilzen, Bakterien und feinen Staubteilchen in tiefer gelegene Hautschichten. Aber auch innere Ursachen, wie eine fehlerhafte Ernährung, chronische Krankheiten verschiedener innerer Organe oder Störungen des Hormonhaushaltes und nicht zuletzt eine ganze Reihe schwer erkennbarer Allergien, können zur Entstehung von Ekzemen führen. Eine erfolgversprechende Behandlung kann nur durch den Tierarzt vorgenommen werden, wobei es in der Regel sehr schwierig ist, die Ursache zu erkennen.

Wird der Hund von starkem Juckreiz befallen, besonders in den Sommer- und Herbstmonaten, sollten Sie zunächst einmal an das Nächstliegende denken und Ihren Hund auf *Ektoparasiten* untersuchen, jenen unerwünschten Gästen im Fell, die auf der Haut schmarotzen. Lieblingssitze von Flöhen und Läusen sind die Innenflächen der Hinterschenkel, die „Achselhöhlen" und die Ohrmuscheln. Floh-

stiche, schwarze Pünktchen in den Haaren (Flohkot) oder weiße Nissen (Läuse) weisen auf diesen Befall hin.
Bei Spaziergängen im Wald befällt den Hund häufig der Holzbock, auch Zecke genannt. Diese Tiere bohren sich durch die Haut des Hundes und saugen sich voll Blut. Man erkennt sie dann als kirschkerngroße, prallgefüllte, braune Säcke. Sie dürfen die Zecke nicht einfach abreißen, da sonst der Kopf mit den Beißwerkzeugen abgeht und steckenbleibt. Das hätte starke Entzündungen zur Folge. Am besten beträufelt man den ungebetenen Gast mit Öl, Spiritus oder Benzin und kann ihn so nach einigen Minuten vorsichtig abdrehen.
Vorwiegend im Herbst tritt an Gräsern und Sträuchern auch die *Herbstmilbe* auf. Intensives Lecken des Hundes an seinen Pfoten deutet auf diesen Befall hin. Bei gründlicher Untersuchung (mit der Lupe) lassen sich diese Parasiten als gelbrote Pünktchen in den Zwischenzehenräumen erkennen.
Durch Baden mit Insektiziden können diese Hautparasiten (mit Ausnahme der Zecken) beseitigt werden. Als wirksame Vorbeugung gegen die hier genannten Hautparasiten gelten die in Apotheken oder bei Tierärzten erhältlichen Flohhalsbänder.
Zu den unerwünschten Kostgängern des Darms oder anderer Organe des Hundes gehören die sogenannten *Endoparasiten,* deren häufigste Vertreter die Spulwürmer (Askariden) sind. (Vgl. Kapitel über Welpenaufzucht.) Welpen und Junghunde leiden vielfach an Verdauungs- und Entwicklungsstörungen, wenn sie nicht regelmäßig durch Wurmkuren von diesen Plagegeistern befreit werden. Bekannt als lästige Schmarotzer sind die *Bandwürmer* (Überträger des häufigsten Bandwurmes ist der Hundefloh), *Hakenwürmer, Peitschenwürmer* und *Kokzidien,* wobei letztere keine Würmer, sondern einzellige Lebewesen sind. Junge Hunde mit Durchfall sind in der Regel von Darmparasiten verseucht. Hier ist unbedingt eine Kotprobe zum Tierarzt mitzunehmen.
Rutschen auf dem Hinterteil über den Boden, sogenanntes *„Schlittenfahren“*, und Knabbern an den Hinterläufen ist meistens nicht auf Würmer, sondern auf ungenügende Entleerung der Analbeutel zurückzuführen. Das sind zwei am Darmende liegende Drüsen, deren streng riechendes Sekret die „Duftadresse“ jedes Hundes ist. Die Entleerung der Analbeutel geschieht mit dem Stuhlgang. Ist sie ungenügend, entsteht starker Juckreiz. Die Analbeutel müssen dann ausgedrückt werden, sonst besteht die Gefahr eines Abszesses.
Verdauungsstörungen können, wenn sie mit Durchfall verbunden sind, für den Besitzer eines langhaarigen Hundes recht unangenehm sein. Sie lassen sich, wenn sie nicht mit Fieber einhergehen, durch eine einfache Diät beheben. In der Regel genügt ein Fastentag, an dem der Hund lediglich in ausreichender Menge Wasser oder verdünnten schwarzen Tee mit einer Prise Salz erhält. Da Durchfall immer mit Wasserverlust verbunden ist, sollte man nicht versuchen, ihn durch Wasserentzug behandeln zu wollen. Das hätte eine Austrocknung des Körpers zur Folge.

Zur Normalisierung der Verdauung hat sich eine Mischung aus Rinderhack, Schmelzflocken, einem geriebenen Apfel und einigen Kohlekompretten® bewährt, die mehrmals über den Tag verteilt gegeben wird.
Durchfall, der sich auf diesem Wege nach zwei bis drei Tagen nicht beheben läßt oder der gar mit Fieber verbunden ist, gehört in die Behandlung des Tierarztes. Mittel aus der Humanmedizin wie Mexaform® u. a. können schwere gesundheitliche Störungen bei Hunden hervorrufen.
Ernährungsbedingter, breiiger Kot, der sich bei zu reichhaltiger Fütterung von tierischem Eiweiß einstellt, läßt sich durch gehäufte Zugabe von Ballaststoffen, das sind zellulosehaltige Kohlehydratträger wie Weizenkleie u. ä. vermeiden. Das Kotvolumen wird auf diese Weise vergrößert, der Kot festigt sich und unangenehme Kotverklebungen an den „Hosen" Ihres Hundes werden vermieden. Bei unsachgemäßer Pflege können die Haare am After derart verfilzen, daß auch bei normalem Stuhl die Afteröffnung regelrecht blockiert wird *(Kotverklebungen).* Hier hilft nur ein Reinigungsbad mit warmer Seifenlösung. Vorbeugend lassen sich Kotverklebungen vermeiden, wenn die Haare bei der Pflege an der Rute aufwärts und an den Schenkeln und Läufen nach unten gekämmt werden.
Gelegentliches *Erbrechen,* etwa bei zu reichlicher oder hastiger Futteraufnahme, ist beim Hund ohne große Bedeutung. Hunde, in deren Magen sich zuviel unverdauliche Reste von Knochensplittern, Haaren oder dergleichen angesammelt haben, führen dies instinktiv selbst herbei durch die Aufnahme von scharfkantigen Gräsern. Da Erbrechen im übrigen keine selbständige Krankheit ist, kann es verschiedene Ursachen haben, vor allem wenn sich dazu Fieber einstellt. In diesem Fall sollte umgehend ein Arzt konsultiert werden.
Hunde können, wie Menschen, auch unter *Reisekrankheit* leiden. Sie werden während des Fahrens unruhig, hecheln, speicheln und erbrechen schließlich. Oft ist es nur eine Sache der Gewöhnung, die sie hernach zu einem freudigen Reisebegleiter werden läßt. In leichten Fällen hilft zur schnelleren Überwindung bereits die Eingabe von Baldrian-Dispert®. Ausgeprägter Reisekrankheit muß dagegen mit rechtzeitig eingegebenen rezeptpflichtigen Arzneien begegnet werden.
Bedingt durch Kiefer- und Nasenbeinverkürzung haben kurzköpfige Hunde sehr ungünstige Raumverhältnisse in Nase und Rachen. Sie geraten vor allem im Sommer bei starker Hitzeeinwirkung leicht in *Atemnot.* Beim Aufenthalt im Freien sollte ihnen daher stets ein schattiger Platz zugewiesen werden. Und denken Sie daran, wenn Sie mit Ihrem Hund im Auto unterwegs sind und einmal ohne ihn aussteigen, die Fenster einen Spalt weit geöffnet zu lassen und daß dort, wo momentan Ihr Wagen im Schatten steht, schon bald die Sonne brennen kann. Schon mancher Hund ist durch die Vergeßlichkeit seines Besitzers auf diese Weise einem Hitzschlag erlegen. Sollte dennoch einmal Erste Hilfe vonnöten sein, bringen Sie ihn schnellstens ins Kühle und reiben seinen Kopf und Körper intensiv mit kaltem Wasser ab. Zur Erleichterung der Atmung ziehen Sie vorsichtig seine Zunge heraus.

Pekingesen sind, wie bei dieser extrem kurzschädligen, großäugigen Rasse nicht anders zu erwarten, besonders anfällig gegen jede Art von Augenverletzungen und -erkrankungen. Es ist daher ratsam, Ihren verspielten, abenteuerlustigen Welpen nach Möglichkeit fernzuhalten von scharfkantigen Gegenständen, Katzen oder ähnlichen Gefahrenquellen. Auch auf dem täglichen Spaziergang mit ihm sollten Sie Gelände mit Gestrüpp oder langem, spierigem Gras meiden. Bei Augenverletzung ist sofort ein Tierarzt zu konsultieren. Mit den modernen Mitteln können zumeist auch ernsthaft erscheinende Verletzungen, die früher zum Verlust des Auges geführt hätten, gerettet werden.
Bei beiden Rassen kann es infolge der untiefen Augenhöhlen leicht – so z. B. wenn man den Hund am Nackenfell packt – zum *Vorfall des Augapfels* kommen. Tierärztliche Hilfe ist dann schnellstens erforderlich, da sonst das Auge innerhalb weniger Stunden kaputtgeht. Notfalls fassen Sie sich ein Herz und „versuchen Sie, den Augapfel sofort nach dem Vorfall mit den Kuppen von Daumen, Zeige-, Mittel- und Ringfinger in die Augenhöhle zurückzudrücken“ (Niemand). Bis zur fachmännischen Versorgung können einige Tropfen Rizinusöl eine Hilfe sein, um das empfindliche Gewebe vor allzu großer Austrocknung zu schützen.
Erhöhter Juckreiz, Rötung, schleimig-eitriger Ausfluß sind Anzeichen einer *Entzündung der Bindehaut* (Conjunctivitis), jenes empfindlichen Gewebes, das den Augapfel umgibt. Hervorgerufen wird diese Entzündung vielfach infolge von Fremdkörpern, starkem Sonnenlicht oder Zugluft. Eine Entzündung kündigt sich an durch vermehrte Absonderung des wäßrigen Augensekrets. Augentropfen oder eine vom Arzt verordnete Augensalbe, die vorsichtig hinter die leicht heruntergezogenen Bindehautsäcke geschmiert wird, bringen Linderung. Gewarnt sei ausdrücklich vor der früher üblichen Eigenbehandlung mit Borwasser.
Beidseitige Augenentzündungen mit eitrigem Ausfluß können überdies Anzeichen schwerer Erkältungs- oder Infektionskrankheiten sein. Sie sind ein Fall für den Tierarzt.
Infolge einer chronischen Entzündung kann es häufig zu einer wulstigen Verdikkung des sich im inneren Augenwinkel befindlichen dritten Augenlides, der sogenannten Nickhaut, kommen. Diese himbeerartigen, entzündlichen Wucherungen auf der Rückseite des dritten Augenlides müssen zumeist operativ entfernt werden.
Chronische Lidbindehautentzündungen entwickeln sich bei einwärts-gekehrten einzelnen Wimpern oder auch durch doppelreihige Anordnung der Wimpern eines Lides. Eine Erscheinung, die verhältnismäßig häufig auftritt. Entzündungen der Hornhaut mit anschließendem Substanzverlust führen schließlich zum Verlust der Sehkraft. Nur ein operativer Eingriff kann hier helfen.
Als zwergwüchsige Rassen, die durch Verkürzung der langen Röhrenknochen entstanden sind (sog. chondrodystrophe Rassen) neigen Peking-Palasthund und Shih Tzu zu Störungen des Stützapparates. Erwähnt sei in diesem Zusammenhang

der *Bandscheibenvorfall,* auch als Teckellähme bezeichnet, der mit blitzartig auftretenden Schmerzen während der Bewegung beginnt und zur Lähmung der Nachhand führen kann, sowie die bleibende oder zeitweilig wiederkehrende und ohne fremde Hilfe wieder zurückspringende Auskugelung der Kniescheibe *(Patella-Luxation).*
Zu den vererbbaren Krankheiten gehören die *Hüftgelenkdysplasie* und die *Progressive Retina Atrophie* (PRA). Letztere äußert sich in einer fortschreitenden Zerstörung der Netzhaut, die über Nachtblindheit zu einer späteren völligen Erblindung des befallenen Hundes führen kann. Die Hüftgelenkdysplasie (HD) ist eine Fehlentwicklung des Hüftgelenks. Sie kommt bei kleinen Hunden jedoch recht selten vor. Nachzuweisen ist sie nur durch eine röntgenologische Untersuchung.

Die Zucht

Das Züchten von Hunden ist eine solch ernste Angelegenheit, daß sich jeder, der sich mit diesem Gedanken trägt, vorher mit der einschlägigen Literatur über Vererbung, Zuchtwahl, Welpenaufzucht usw. beschäftigen sollte. Wer sie aus Gründen des Profits betreiben will, sei gewarnt. Nur Zwingerhalter, die mit körperlich und charakterlich hochwertigen Tieren züchten und sich mit ihrem Nachwuchs immer wieder auf Hundeausstellungen der Konkurrenz stellen, werden auf die Dauer bekannt und können ihre Welpen „an den Mann bringen". Wer sich in der Zucht mit Mittelmäßigkeit zufriedengibt, erweist seiner Rasse keinen Dienst. Reine Vermehrungszucht führt zu minderwertigen Tieren, die dann letztlich nur über Hundehändler abgesetzt werden.
Aber auch für denjenigen Besitzer einer Hündin, der nur „mal einen Wurf machen" möchte, gibt es vorab einiges zu bedenken: Fragen Sie sich, ob Sie genügend Zeit und Geduld aufbringen können, einen Wurf junger Hunde aufzuziehen. Es wird viel mehr Arbeit auf Sie zukommen, als Sie bei der Aufzucht Ihres Welpen gehabt haben, den Sie im Alter von drei bis vier Monaten erworben haben. Züchten kann für Sie zu einem unvergeßlichen, beglückenden Erlebnis werden; es kann für Sie aber auch ein leidvolles Wagnis sein, wenn Geburt oder Aufzucht nicht ohne Komplikationen verlaufen. Und noch eines sollten Sie bedenken: Nicht alle Welpen, die Sie mit so viel Mühe aufgezogen haben und die Ihnen ans Herz gewachsen sind, können Sie behalten. Wer wird Sie Ihnen abnehmen?

Die Paarung

Hündinnen erreichen ihre Geschlechtsreife etwa im Alter von sechs bis neun Monaten. Der Zyklus dauert etwa drei Wochen und tritt in der Regel zweimal im Jahr, im Frühjahr und Herbst, auf. Bereits einige Tage vor dem Ausbruch der Läufigkeit deutet sie sich in Form der Vorhitze an. Die Hündin wird unruhig, neigt zu größerem Appetit, wird aggressiv gegenüber Geschlechtsgenossinnen, und auch eine sonst sehr anhängliche Hündin beginnt zu streunen.
Schließlich tritt aus der geschwollenen Vulva, dem äußeren Teil der Scheide, ein blutiger Ausfluß, der zu Beginn der Läufigkeit rot ist, sich dann über blaßrot bis fast farblos verändert. Die Stärke dieser Absonderung variiert von Hündin zu Hündin und kann so schwach sein, daß sie bei langhaarigen nicht bemerkt wird. Etwa 8–9 Tage nach dem Einsetzen der Blutungen beginnt die Hündin alle Rüden, die sich ihr zeigen, zu animieren, wehrt aber noch jeden Annäherungsversuch energisch ab. Ab dem 10. oder 11. Tag, nachdem die Blutungen schon fast beendet sind, ist die Hündin empfängnisbereit und „stellt" sich dem Rüden. Weibliche Eizellen werden in dieser Zeit der Hochhitze, die etwa am 16.–18. Tag ihr Ende findet, von den weiblichen Eierstöcken in die Eileiter abgegeben. Noch knapp eine Woche nach diesen Tagen bleibt die Hündin für die Rüden interessant, obwohl sie selbst abweisend wird. Dies ist der normale Ablauf.
Manche Hündinnen nehmen jedoch erst nach 16 Tagen oder später einen Rüden an. Für den Besitzer der Hündin heißt es daher über die ganze Zeit der Läufigkeit hinweg, unerwünschte Rüden fernzuhalten. Steht kein abgeschlossener Freiauslauf zur Verfügung, so muß sie während des täglichen Spazierganges unbedingt an der Leine gehalten werden. Durch streunende Rüden, die durch den feinen Duft der Hündin angelockt werden, ist schon mancher Hündinnenhalter zu einem ungewollten Bastardwurf gekommen. Mit Hilfe von desodorierenden Sprays oder oral einzunehmenden Mitteln kann dieser für die Rüden so verlockende Duft gemindert werden. Doch verlassen kann man sich nicht darauf. Sollte sich dennoch Ihre Hündin einmal selbständig gemacht haben und sich Ihrer Aufsicht entzogen haben, so gehen Sie mit ihr innerhalb von fünf Tagen zum Tierarzt, der die Folgen des Malheurs mit einer *Fehldeckungsspritze* beseitigt. Derartige hormonelle Abtreibungen haben jedoch durchaus ihre Komplikationsrate.
Hündinnen sind bestrebt, sich durch Lecken sauber zu halten. Dennoch ist es unvermeidbar, daß durch austretendes Blut hin und wieder Teppiche oder Polstermöbel beschmutzt werden. In Fachgeschäften für Hundebedarf werden zu diesem Zweck hygienische Sicherheitsgürtel in Form eines Monatshöschens angeboten.
Der Rüde wird etwa zwischen dem 6. und 8. Lebensmonat geschlechtsreif. Er ist das ganze Jahr hindurch in der Lage, sich zu paaren. Die Hoden, als Sperma produzierende Organe, sinken nach der Geburt aus der Bauchhöhle in den Hoden-

Abb. 49. Drei Wochen alte Pekingesen. Noch sieht man nichts von der künftigen Haarfülle.

sack ab. Bei jeder Rasse können Störungen dieses natürlichen Vorganges auftreten. Steigt nur ein Hoden hinab, so spricht man von einem *Monorchiden,* fehlen beide Hoden, so haben wir es mit einem *Anorchiden* – in der Fachsprache auch als *Kryptorchide* bezeichnet – zu tun. Hodenfehler, die leicht zu krebsartigen Wucherungen des in der Bauchhöhle eingeschlossenen Hodens führen können, schließen den Rüden nach allgemein gültigen Zuchtbestimmungen von der Zucht aus. Ebenso sind diese Hunde für alle Ausstellungen gesperrt.
Rüden und Hündinnen müssen vor ihrer ersten Zuchtverwendung durch den zuchtbuchführenden Verein im „Verband für das Deutsche Hundewesen e.V." (VDH) zuchttauglich geschrieben werden. Solche Zuchttauglichkeitsprüfungen (Körungen) werden abgehalten, damit nur mit rassetypischen Tieren eine Zucht betrieben wird. Welpen von nicht angekörten Elterntieren haben kein Anrecht auf Ahnentafeln. Sie gelten bei den Käufern als Bastarde und sind nur weit unter ihrem Wert zu verkaufen. Ein unerfahrener Züchter ist außerdem gut beraten, wenn er seine Hündin einem Tierarzt vorstellt.

Durch die abnorm großen Köpfe der Welpen unserer kleinen Asiaten und den oft sehr engen Becken kann es vorkommen, daß Hündinnen nicht normal entbinden können. Auch sollte man mit der Zucht nicht länger warten als bis zur 2. Hitze, solange die Beckenknochen noch nachgiebig und nicht hart und starr geworden sind. Winzige Hündinnen dürfen überhaupt nicht gepaart werden. Es wäre Tierquälerei, mit Miniaturen, die von Zeit zu Zeit auch in Würfen großer Eltern vorkommen, züchterisch herumzuexperimentieren. Ausgenommen ist ein Rüde, der gerade wegen seiner Kleinheit als Deckrüde eingesetzt wird. Nur erwarte man nicht, daß aus dieser Paarung auch kleine Tiere hervorgehen. Dem Anfänger sei ohnehin geraten, sich bei der Wahl eines Deckrüden von einem Fachmann beraten zu lassen, der einen Stammbaum zu lesen vermag. Die Auswahl aufs Geratewohl, etwa weil ein Rüde eine besonders schöne Farbe hat, hochdekoriert wurde auf Ausstellungen oder gar, weil der Besitzer in unmittelbarer Nähe wohnt, hat schon manchen Wurf mißraten lassen.
Üblich ist es, die Hündin zum Deckrüden zu bringen und nach dem vollzogenen Deckakt das vorher vereinbarte Deckgeld zu entrichten. Somit haben Sie Anrecht auf eine Deckbescheinigung, die vom Rüdenbesitzer auszustellen ist und als Urkunde bei der Anmeldung des Wurfes dem Zuchtbuchamt vorgelegt werden muß. Weitere vertragliche Vereinbarungen, die zwischen Rüden- und Hündinnenbesitzer abgeschlossen werden können, sind durch das internationale Zuchtrecht von Bern (1979) geregelt.

Die trächtige Hündin

Die Tragezeit einer Hündin beträgt rund neun Wochen, gerechnet vom Tag des Deckaktes. Schwankungen innerhalb des Geburtsdatums vom 58.–63. Tag sind durchaus üblich. In den ersten vier bis fünf Wochen der Trächtigkeit sind äußere Veränderungen an einer Hündin selten wahrnehmbar. Es genügt auch, den üblichen Tagesrhythmus beizuhalten. Manchmal zeigen Hündinnen in dieser Zeit eine übersteigerte Freßlust, andere wiederum rühren kaum einen Bissen an. Erst in den letzten Wochen vor dem Werfen nimmt der Leibesumfang beträchtlich zu. Damit Magen und Darm durch die sich ausdehnende Gebärmutter nicht zu stark strapaziert werden, bekommt sie ihr Futter jetzt in kleineren Portionen über den Tag verteilt. Ballastreiche Kohlehydratträger werden dabei zu Gunsten einer eiweißreicheren Nahrung eingeschränkt. Auch zusätzliche Gaben von Kalk- und anderen Mineralstoffen sind notwendig.
Es kann passieren, daß eine Hündin alle Symptome einer Schwangerschaft aufweist, ohne schwanger zu sein. Ihr Gesäuge schwillt, es bildet sich Milch (Hexen-

milch) und am Tage der Pseudogeburt baut sie sich ein Nest, schleppt ihre Spielsachen hinein und zeigt alle Zeichen einer Mutterschaft. In diesem Fall spricht man von einer *Scheinschwangerschaft,* oder eingebildeten Schwangerschaft, unter der auch Hündinnen leiden können, die nie von einem Rüden gedeckt worden sind. Abgesehen von den Schmerzen, die dem Tier durch die Schwellung des Gesäuges und der Milchstauung entstehen können, ist diese Erscheinung harmlos und ungefährlich. Tägliches Abreiben des Gesäuges mit Kampfersalbe oder verdünntem Alkohol und viel Bewegung in frischer Luft, tragen dazu bei, sie über dieses Stadium hinwegzubringen. Notfalls kann der Tierarzt mit Hormongaben Abhilfe schaffen.

Vorbereitungen in der Welpenstube

Für die Zeit der Niederkunft sind einige Vorbereitungen zu treffen. Einem alten Naturinstinkt folgend, möchte eine Hündin ihren Wurf gerne an einem ruhigen, geschützten Ort bekommen. So geschieht es nicht selten, daß sie sich bei einsetzenden Wehen unter Schränken, Betten oder Polstergarnituren verkriecht, um hier ihr Nest zu bauen. Um dies zu vermeiden, sollte sie spätestens zwei Wochen vor der Geburt an eine Wurfkiste gewöhnt werden, die in einem Raum, der nicht ständig betreten werden muß, aufgestellt wird. Eine Welpenstube muß warm sein (ca. 24 °C), frei von Zugluft und grellem Tageslicht. Nicht zur Familie zählende Besucher und fremde Hunde haben hier keinen Zutritt.
Die Wurfkiste (s. Abb. 50) kann die Form einer normalen Hundekiste haben, etwas länger als die Hündin selbst, damit sie sich hier bequem ausstrecken kann. Die Seitenwände müssen hoch genug sein, um zu verhindern, daß die Welpen hinauspurzeln, die Mutter selbst aber sollte ohne Mühe ein- und aussteigen können. Eine Lage Zeitungspapier, auf dem Boden der Kiste ausgebreitet, gibt eine ausgezeichnete Unterlage, die genügend saugfähig ist und das Ganze warm und trocken hält. Abgedeckt wird

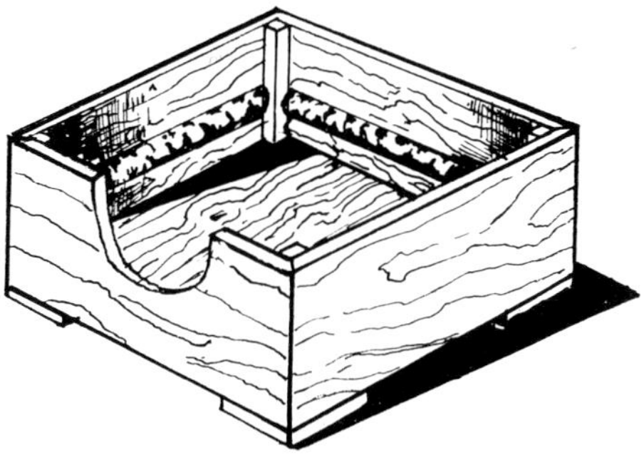

Abb. 50. So sieht eine brauchbare und praktische Wurfkiste aus.

diese Lage durch ein Bett- oder Frotteetuch. Das ist für die Hündin komfortabler und verleiht den Welpen Halt, wenn sie sich an das Gesäuge „heranarbeiten“ wollen. Für alle Fälle – d.h. falls die Mutter Schwierigkeiten haben sollte, ihren Wurf während der Niederkunft selbst zu versorgen – sollten für den Wurftag einige Handtücher bereitliegen zum Abfrottieren der naß aus der Fruchtblase kommenden Welpen, eine medizinische Schere zum Durchtrennen der Nabelschnur, ein Desinfektionsmittel (z.B. Sagrotan®) und ein elektrisches Heizkissen oder eine Wärmeflasche für die Welpen, falls es notwendig sein sollte, sie während der Geburt der nachfolgenden Welpen von der Mutter zu trennen.

Die Geburt

Bereits einige Tage vor der Geburt, oft auch nur Stunden vorher, werden die Hündinnen unruhig, wechseln häufig das Lager, versuchen ein Nest zu bauen, indem sie sich im Garten unter Büschen und Hecken eingraben oder die Unterlagen in ihrer Wurfkiste zerreißen und das Futter verweigern. Diese Anzeichen müssen jedoch nicht zwangsläufig die bevorstehende Geburt bedeuten. Ein sicheres Zeichen ist das Absinken der Körpertemperatur von normalen 38,2–38,4° Celsius auf Werte von einigen Zehntelgraden über oder unter 37°C. Die Temperatur wird mit einem rektal eingeführten Fieberthermometer gemessen. Junghündinnen, die eine Geburt zum ersten Male über sich ergehen lassen, geraten oft völlig aus dem Gleichgewicht. Sie verlangen förmlich nach Zuspruch und Hilfe ihrer vertrauten Menschen.

Eine normale Geburt spielt sich in zwei Phasen ab. Zunächst setzen die Eröffnungswehen ein. Dabei wird der dem Gebärmutterausgang am nächsten liegende Welpe in die Geburtswege getrieben. Diese werden durch die mit Fruchtwasser gefüllten Embryonalhüllen erweitert. Die Hündin ist in dieser Zeit überaus unruhig, winselt, versucht aus der Wurfkiste zu fliehen und sieht häufig nach ihrem Hinterteil. Zwei bis acht Stunden kann sich diese Eröffnungsphase hinziehen, bis schließlich die äußere Fruchtblasenhülle platzt und Fruchtwasser aus der Scheide tritt. Dabei werden die erweiterten Geburtswege feucht und schlüpfrig. Ist dieser Vorgang beendet, setzen die Preßwehen ein und nach ein bis drei Stunden wird das erste Junge ausgetrieben. Je nach Größe des Wurfes folgen nun im Abstand von einigen Minuten bis zu ein oder zwei Stunden die übrigen Welpen. Diese werden in der Regel noch in der inneren Fruchtblasenhülle geboren und daraus instinktiv von der Mutterhündin befreit. Auch das Abnabeln wird von der Hündin besorgt, die überdies durch eifriges Belecken die Atmung des Neugeborenen anregt. Bei kurzköpfigen Hunden können sich hierbei Schwierigkeiten ergeben. Der Züch-

Abb. 51. Jugendliche Pekingesengruppe – eine Augenweide für den Liebhaber.

ter muß dann diese Aufgaben übernehmen und den Welpen aus seiner Hülle befreien und abnabeln. Der Nabelstrang wird ca. 2–3 cm von seiner Ansatzstelle am Bauch mit der Schere durchtrennt. Durch kräftiges Reiben der Haut, namentlich der Rückenpartien, wird die Atmung des Welpen gefördert. Auch die Atemwege müssen vom Geburtsschleim befreit werden. Welpen, die den Kopf voran den Mutterleib verlassen, werden im allgemeinen ohne Schwierigkeiten geboren; denn sobald der Kopf durch die Scheide tritt, folgen Schultern und Rumpf bei den nächsten Wehen. Große, dicke Welpen haben die Tendenz, mit dem Hinterteil zuerst zu erscheinen. Hierin liegt eine gewisse Gefahr für den Welpen; denn durch den Schock der kalten Außenluft setzt der Prozeß der Atmung ein, während sich der Kopf noch im Geburtsgang befindet. Die Folge ist, daß der Welpe Fruchtwasser schluckt und erstickt. Hier muß der Züchter helfend eingreifen und ihn durch kräftiges Ziehen an den Hinterbeinen, möglichst in Verbindung mit einer einsetzenden Preßwehe, schnellstens aus dieser gefährlichen Lage befreien. Manchmal legt die

Hündin zwischen den Geburten eine längere Pause ein. Solange sie zufrieden liegt, gönnen wir ihr diese Ruhe und reichen ihr nur etwas Milch oder Wasser. Auf keinen Fall darf voreilig mit Wehenmitteln der Prozeß wieder in Gang gesetzt werden. Hierüber darf nur der Tierarzt entscheiden.
Geburtsstörungen können vorliegen, wenn drei Stunden nach dem Einsetzen der Preßwehen das erste Jungtier noch nicht geboren ist oder wenn zwar Körperteile eines Welpen zum Vorschein kommen, die Hündin es aber trotz kräftiger Wehen nicht zustande bringt, ihn auszutreiben. Diese Schwierigkeiten ergeben sich insbesondere bei den großköpfigen Welpen des Pekingesen, vor allem, wenn er zusätzlich einen Wasserkopf hat. Ein rechtzeitig vorgenommener Kaiserschnitt, ausgeführt von einem erfahrenen Kleintierpraktiker, ist in diesen Fällen für Hundemutter und Welpen schonender, als ein quälendes Abwarten.

Die Tage nach der Geburt

Nach Beendigung der Geburt versorgen wir die Hündin mit einer sauberen, trokkenen Unterlage, reichen ihr zu trinken und gönnen ihr für einige Stunden absolute Ruhe. Bei den meisten Hündinnen ist der Pflegetrieb so ausgeprägt, daß sie sich in mütterlicher Fürsorge sofort ihrer Welpen annehmen. Geschieht dies nicht, muß der Züchter diese Pflichten so lange übernehmen, bis sie sich ihrer Mutterschaft bewußt geworden ist.
So ist es lebenswichtig für die Welpen, daß sie sich regelmäßig lösen können. Ausgelöst wird dieser Vorgang durch das Belecken der Schließmuskeln von After und Harnröhre durch die Zunge der Hündin. Notfalls muß der Züchter diese Aufgabe mit Hilfe eines feuchten Wattebausches übernehmen und die Bauchpartie in Richtung zum After hin leicht massieren.
Hündinnen sträuben sich häufig noch Tage nach der Geburt heftig dagegen, die Wurfkiste freiwillig zum Säubern zu verlassen. Für ihr Wohlergehen ist es aber unerläßlich, sich mindestens 4 bis 5mal am Tag ausreichend bewegen und ihr „Geschäft" verrichten zu können. Manchmal muß sie hierzu mit sanfter Gewalt gezwungen werden. Die Abwesenheit der Hündin benutzen wir, um die neugeborenen Welpen etwas genauer anzusehen. Bei den kurzgesichtigen Züchtungen ist es nicht ungewöhnlich, daß immer wieder Welpen mit Rachen-Gaumen-Spalt – eine Abnormität, die den Welpen hindert, seine Nahrung auf natürlichem Wege aufzunehmen, und bei der die Milch häufig aus den Nasenlöchern heraustritt – oder mit einem Wasserkopf – eine ballonartige Vergrößerung des Gehirnschädels bei normaler Größe des Gesichtsschädels – zur Welt kommen. Solche Welpen sollten gleich nach ihrer Geburt von einem Tierarzt eingeschläfert werden. Hiervon sind

Abb. 52. Acht Monate alter Pekingesen-Junghund.

auch Tiere mit extrem starker Kniescheibenluxation, die zum sogenannten „Robbengang“ führt, nicht auszunehmen.
Nach der Geburt regt sich allmählich wieder der Appetit der Hündin. Robustere Typen verlangen nach der gewohnten Fleischmahlzeit, andere dagegen fressen sehr wenig. Doch auch hier besteht kein Grund zur Sorge, solange die Temperatur normal ist; denn zunächst müssen die Nachgeburten, die die Hündin während der Geburt gefressen hat, verdaut werden. In den ersten Tagen erhält die Hündin ein kohlehydrathaltiges, leicht verdauliches Futter. Danach wird der Eiweiß-Anteil im Futter, ähnlich wie bei der tragenden Hündin, nach und nach wieder erhöht unter Zusatz von Kalk und anderen Mineralien.

Tetanie

Diese Krankheit kann etwa 8–14 Tage nach der Geburt, häufig aber auch erst am Ende der Säugezeit bei der Mutterhündin auftreten. Sie ist eine Folge schwerster Verarmung von Kalk, Mineralstoffen und Vitaminen. Diese Stoffe wurden der Hündin während der Trag- und Säugezeit in vermehrtem Maße entzogen und nicht in genügender Menge ersetzt. Die Krankheit beginnt mit leichtem Muskelzittern, ansteigender Temperatur, Atemnot, taumelndem Gang und kann sich zu starken Krämpfen steigern bis zum Umfallen und Unvermögen, aufzustehen. Die Hündin muß in diesem Zustand sofort von ihren Jungen getrennt und in ärztliche Obhut gegeben werden.

Die Entwicklung der Welpen

Hundebabys werden blind geboren und öffnen erst nach 10–14 Tagen ihre Augen. Sie sind in dieser Zeit sehr lichtempfindlich und sollten nur nach und nach an das hellere Tageslicht gewöhnt werden. Die Farbe der Augen ist zunächst blau und wechselt allmählich zum dunklen Braun. Schwarze oder dunkelfarbene Welpen werden manchmal bereits mit einer schwarzen Nase geboren. Die helleren haben rosafarbene Nasen. Diese färben sich in den ersten Wochen nach der Geburt allmählich mit schwarzem Pigment. Die Ausnahme bilden schokoladenfarbene Hunde; sie bekommen leberfarbene Nasen.

Die Versorgung der Welpen obliegt in den ersten 3–4 Wochen der Mutterhündin. Dennoch ist es notwendig, sich durch regelmäßige Gewichtskontrolle von dem Fortgang ihrer Entwicklung zu überzeugen; denn Stillstand oder gar Gewichtsverlust sind ernstzunehmende Alarmzeichen. Ständig wimmernde und an Gewicht nicht zunehmende Welpen können ein Anzeichen dafür sein, daß zu wenig Milch produziert wird, die Milch sauer ist oder die Hündin mit ihrer Zunge die Bäuchlein der Kleinen zu wenig massiert. Auch ein durch Milchüberschuß hartes und geschwollenes Gesäuge, nach innen gezogene oder von Haaren abgeschnürte Warzen sowie eine von den spitzen Krallen der Welpen wundgewordene Milchleiste können der Grund dafür sein, daß eine Hündin ihre Jungen nicht richtig ernähren kann.

Kleine Hundekinder sind besonders empfindlich gegen Unterkühlung und damit anfällig gegen die tödliche *Herpes-Virus-Infektion.* Die Wochenstube ist daher immer auf eine Temperatur von etwa 23–24 °C zu halten. In diesem Zusammenhang sei auch auf eine mögliche *Brustdrüsenentzündung* (Mastitis) der Hündin hingewiesen – eine mit Fieber einhergehende Infektion einer oder mehrerer Milchdrüsen. Diese sind vergrößert, fühlen sich weich an und sondern ein leicht gelbliches, unter Umständen auch mit Blut vermischtes Sekret ab. Die Hündin verwei-

Abb. 53. Ein zehn Monate alter Shih Tzu mit einem elf Wochen alten Gespielen.

gert in diesem Zustand möglicherweise das Futter. Alle Welpen sind sofort von der Mutterhündin zu trennen und bis zu deren Genesung künstlich zu ernähren. Eine Behandlung durch den Tierarzt ist unverzüglich vorzunehmen. Welpen, die eine auf diese Art infizierte Milch aufnehmen, siechen dahin und sterben.
Hin und wieder tritt bei Welpen die sogenannte *Afterklaue,* das ist eine verkümmerte 5. Zehe am Hinterlauf, auf. Diese Zehe wird später, da sie sich beim Laufen nicht abnutzt, lang und krumm, verfilzt mit den langen Haaren und ist nicht nur hinderlich bei der Pflege, sondern stellt auch eine stete Verletzungsgefahr für den Hund dar. Aus diesen Gründen wird sie in den ersten drei bis vier Tagen nach der Geburt durch den Tierarzt entfernt. Das Beschneiden der spitzen Krällchen der

Welpen übernimmt der Züchter. Durch den *Milchtritt* der Jungen würde sonst das Gesäuge der Hündin zu sehr leiden und zerkratzt werden. Außerdem bedeuten ungeschnittene Krallen eine stete Gefahr für die großäugigen Welpen, da durch sie im Spiel leicht ernsthafte Augenverletzungen entstehen können.

Das Füttern

Sobald die Milchzähne gegen Ende der dritten Lebenswoche aus dem Kiefer heraustreten, kann mit der Zufütterung begonnen werden. Die erste Nahrung besteht aus sehr feinen Haferflocken, verquirlt mit lauwarmer Milch unter Zusatz eines rohen Eigelbs und eines Teelöffels Honig. Später wird rohes Rinderhack hinzugegeben, vermischt mit einer Prise Calcipot®.
Der Übergang von der Muttermilch zu fester und gemischter Nahrung muß schrittweise erfolgen. Ernsthafte Verdauungsstörungen und Behinderungen im Wachstum sind Folgen einer zu abrupten Umstellung. Manche Hündinnen bestimmen den Zeitpunkt der Zufütterung selbst, indem sie ihren fünf bis sechs Wochen alten Jungen, einem alten Naturinstinkt folgend, ihr halbverdautes Futter vorwürgen. Kein schöner Anblick, aber den Welpen bekommt's. Zu dieser Zeit werden die vom Züchter gegebenen Mahlzeiten der Welpen nach und nach auf fünf bis sechs erhöht. Ab der 8. Lebenswoche sind die Welpen selbständig. Die Hündin kann jetzt tagsüber ganz von ihnen getrennt werden und nur, falls sie danach verlangt, nachts zu ihnen zum Wärmen zurückkehren.
Fast alle Welpen haben *Spulwürmer.* Zu erklären ist dies durch den komplizierten Kreislauf dieser Darmschmarotzer. Als Larven ruhen sie in den Muskeln und Organen der Hündin und werden dort durch die Trächtigkeitshormone aktiviert. Über den Blutkreislauf der Hündin gelangen sie in die noch ungeborenen Welpen und entwickeln sich in deren Magen und Darm zum Wurm. Diese Darmschmarotzer entziehen dem Körper nicht nur die besten Nährstoffe, sondern ihre Ausscheidungen sind giftig, und befallene Welpen kümmern dahin oder sterben gar. Die Entwurmung der Welpen muß, dem Schlupfstadium des Wurmes angepaßt, etwa am 18. Lebenstag erfolgen und nach acht Tagen, dann nach weiteren 2–3 Wochen wiederholt werden. Als wirksame, ungefährliche Mittel haben sich Telmin KH®-Tabletten, Piperazin- oder Banminth®-Paste bewährt.

Der Nabelbruch

Bei den Welpen der kleinen Asiaten ist es nicht ungewöhnlich, daß hier hin und wieder Nabelbrüche auftreten. Sie sind zumeist Folge einer mangelhaften Entwicklung oder Schließung des Nabels bei der Geburt. Vergleichsweise selten sind die Fälle, in denen solch ein Bruch auf eine fehlende Bauchmuskulatur (angeborene Abnormität) zurückzuführen ist. Vor Abgabe eines solchen Welpen sollte auf jeden Fall ein Tierarzt konsultiert werden, der darüber entscheidet, ob eine Operation zur Schließung der Bruchpforte anzuraten ist; kleine Brüche heilen ohne Eingriff.

Abb. 54. So sieht ein Pekingesenwelpe aus, wenn er zu Ihnen ins Haus kommt.

Erziehung der Welpen

Ab der 3. bis 4. Woche lernen die kleinen Welpen auf ihren Beinchen zu stehen und verlangen, zunächst noch unsicher krabbelnd, nach mehr Platz und Bewegung. Wie ein Vogel, der sein Nest nicht beschmutzt, versuchen auch die kleinen Hunde, ihr Lager sauberzuhalten. Ihre Mutter, die bisher dafür gesorgt hat, vermag die Ausscheidungen nicht mehr in ihrem Verdauungssystem zu absorbieren, sobald der Züchter mit der Zufütterung begonnen hat. Haben die Welpen die Möglichkeit, die Wurfkiste zu verlassen, lernen sie fast spielend, das vor ihrem Lager aus Zeitungen, Sägemehl oder Torf bereitete Zimmerklo zu benutzen. Bereits hier beginnt die Erziehung zur späteren Stubenreinheit; denn haben sie sich einmal daran gewöhnt, ihr „Geschäft" auf einer bestimmten Unterlage zu verrichten, werden sie das immer wieder auf einer solchen oder ähnlich gearteten tun.

Ein weiteres kann der Züchter seinen Welpen bereits beibringen: die Gewöhnung an eine regelmäßige Pflege. Das Auskämmen von trokkenem Schmutz, das Reinigen der Augen, das Beschneiden der Kral-

Abb. 55. Noch fühlen sie sich bei der Mutter geborgen.

len, die Kontrolle der Ohren und Zähne gehören zu dieser Routine. Hierzu legt man den Welpen ab und zu auf den Rücken, damit er die Furcht verliert und sich an die spätere Pflege auf dem Tisch gewöhnt. Zur Reinigung seines Felles benutzt man ein leicht angefeuchtetes Tuch, mit dessen Hilfe das Fell kräftig durchgearbeitet wird. Zum Trocknen dient ein Frotteetuch oder ein Fön. Anschließend wird das Haar mit einer weichen Bürste, auch gegen den Strich, behandelt. Die Befederung an Ohren, Beinen und Rute, in diesem Alter zwar noch spärlich, sollte dabei nicht vergessen werden.
Innerhalb von acht Wochen sind die Hundekinder zu kleinen Persönlichkeiten herangewachsen, selbständig und bereit, in ein aufregendes neues Leben entlassen zu werden.

Der Verkauf

Ein gewissenhafter Züchter versäumt es nicht, seine Welpen impfen zu lassen und ihnen damit eine Grundimmunisierung zu geben, gegen die „draußen“, in Kontakt mit fremden Hunden, zu erwartenden Infektionserreger. Um den Welpen den Übergang in ihr neues Heim zu erleichtern und ihnen neben ihrem seelischen Kummer der Trennung von Mutter und Geschwistern eine abrupte Umstellung auf eine andere Ernährung zu ersparen, erhält jeder Käufer einen „Magenfahrplan“. Zum Service des Verkäufers gehört selbstverständlich auch eine Pflegeanleitung. Wollen Sie ein seriöser Züchter sein, entlassen Sie Ihre Welpen, die Sie mit soviel Liebe umgeben haben, nicht durch einen unüberlegten Verkauf in ein unglückliches Dasein. Verkaufen Sie auf keinen Fall aus Gründen des Profits Ihre Welpen über den Hundehandel an anonyme Käufer. Geld muß nicht gleichzeitig ein Garant für ein gutes Zuhause sein. Doch wenn Ihre Welpen aus einer guten Zucht stammen, verkaufen Sie auch nicht unter Wert. Ein Käufer, der Qualität zu schätzen weiß, wird Ihren Preis zahlen.

Nützliche Adressen

Verband für das Deutsche Hundewesen e.V. (VDH), Mallinckrodtstraße 26, 4600 Dortmund

Österreichischer Kynologenverband, Loipoldgasse 1/9, A-1080 Wien

Schweizerische Kynologische Gesellschaft, Falkenplatz 11, CH-3012 Bern

Sachregister